ユニットケア導入までのチェックポイント130

秋葉都子（認知症介護研究・研修東京センター ユニットケア推進室長）●編著
認知症介護研究・研修東京センター●監修

中央法規

目次

ポイント1 意思表明　　1

- 段階1　責任者がユニットケアを理解する……2
- 段階2　職員に対して意思表明する……4
  - 1　感じたこと・理解したことのデータ化……4
  - 2　職員に向けた説明会の開催……5
  - 3　基幹スタッフの育成と共通理解の促進……7
- ［ポイント1］でのチェック項目……9

ポイント2 居住環境の設計　　11

- 課題1　設計の準備にとりかかる……12
  - 1　設計に関わる職員の体制……12
  - 2　設計者・施工者との関わり方……14
- 課題2　入居者の居場所を確保する……16
  - 1　個室か、個室的多床室か……16
  - 2　個室に求められる三要素……18
  - 3　ユニットの数と位置関係……20
- 課題3　リビングをつくり込む……24
  - 1　リビングと住まいの感覚……25
  - 2　誰もが使いやすいキッチン……28
- 課題4　トイレについて考える……32
- 課題5　風呂場について考える……36
- 課題6　新たな視点でスペースを理論化する……40
  - 1　介護職員室……40
  - 2　汚物処理室……41
  - 3　洗濯室……42
- ［ポイント2］でのチェック項目……43

| ポイント 3 | **工事前の準備と工事中の進行管理** | 45 |

- 段階 1　改修・開設準備室を立ち上げる……46
  - 1　準備室を設置する意義……46
  - 2　職員の配置……47
  - 3　なぜ準備室が立ち上げられないのか……47
- 段階 2　準備委員会を組織する……48
  - 1　意義・役割と構成メンバー……48
  - 2　開催の周期と頻度……49
- 段階 3　工程会議を開く……50
  - 1　会議の参加者……50
  - 2　会議の内容と進行のポイント……52
- 段階 4　施設内のインテリアを考える……57
  - 1　内装の決め方……57
  - 2　家具の選び方……58
  - 3　照明器具の重要性……59
- 段階 5　「備品リスト」をつくり、備品を購入する……60
  - 1　リスト作成の時期と主体……60
  - 2　リスト作成の留意点……61
  - 3　備品の購入……63
- [ポイント3]でのチェック項目……65

| ポイント 4 | **施設内部に向けた情報の伝達** | 67 |

- 方法 1　伝達すべき情報の種類と内容を整理する……68
- 方法 2　掲示板やメールボックスを設置する……70
- 方法 3　「準備室だより」をつくる……72
  - 1　作成の意味……72
  - 2　発行の間隔……74
  - 3　記事の内容……75
  - 4　作成の留意点……79
  - 5　配布の方法……81
- 方法 4　記録に伴う書式・書類を作成する……82
- [ポイント4]でのチェック項目……84

目次

| ポイント 5 | 入居者・地域に向けた情報の伝達 | 85 |

- 方法1 「パンフレット」をつくる……86
  - 1 理念や目標のさらなる具体化……86
  - 2 パンフレットの中身……88
  - 3 作成の留意点……90
  - 4 配布の方法……94
- 方法2 「入居者説明会」を開催する……96
  - 1 開催の時期と案内の方法……96
  - 2 説明する内容……99
- [ポイント5]でのチェック項目……100

| ポイント 6 | 職員の採用 | 101 |

- 段階1 組織の形と人員配置をデザインする……102
  - 1 ユニットケアを実践するための組織体制……102
  - 2 職員の配置と勤務シフトの整備・工夫……105
- 段階2 職員を採用する……110
  - 1 新規に職員を採用する場合……110
  - 2 採用試験の方法と内容……113
  - 3 採用の基準……116
  - 4 既存の職員から採用する場合……117
- [ポイント6]でのチェック項目……118

| ポイント 7 | 研修のあり方 | 119 |

- 段階1 研修を組み立てる……120
  - 1 研修プログラムの作成……120
  - 2 研修を行う際の留意点……124
- 段階2 教材を準備する……127
- [ポイント7]でのチェック項目……130

ポイント1
意思表明

　ユニットケアを始めるにあたって、まず行わなければならないことは、施設の職員全員が「ユニットケアとはどういうものなのか?」を学び、共通に理解することです。このことは当然、これからの準備段階のすべてにおける基本ですが、残念なことにそれがないがしろにされたまま、ユニットケア導入の準備を始めてしまうところもあるようです。
　ある日突然、「今日からユニットケアを始めます」などといわれても、ユニットケアという名前が一人歩きを始めるだけで、行われているケアは何ら従来と変わらないということになってしまいます。これではユニットケアを始める意味はまったくなく、ユニットケアの存在意義はまったくありません。
　では、ユニットケアを始めるにあたってどうすればよいスタートが切れるのでしょうか?
　まずはそこから考えていきましょう。

段階—1
責任者がユニットケアを理解する

　ここでいう「責任者」とは、おもに施設長です。

　まずは施設長が「ユニットケアとは何か」を適切に理解していなければ、何も始まりません。これはユニットケアの導入に限らず、どんなことにも共通していえることでしょうが、トップに立つ人間がこれから始めようとすることを本質的に理解し、それに基づいた理念や方針を打ち出さなければ、周りにいる他の人たちはうまく動けるはずがありません。

　これからよい施設をつくり、入居者の生活を支えていこうとするならば、「国の方針だから仕方なく」という消極的な動機ではなく、自ら学び、吸収しようとする積極的な取り組みが望まれます。

　では、ユニットケアを学び、理解するための方策としてはどんなことが考えられるでしょうか。次にいくつか挙げてみます。

1 書籍を読んで学習する

　ぜひ推薦したい書籍は、次の2冊です。

①『利用者の生活を支えるユニットケア―ユニットケア施設におけるケアと管理・運営―』（*高齢者痴呆介護研究・研修東京センター編集／2004年／中央法規出版）
②『ユニットケア実践Q&A―現場の疑問に答えます―』（拙編著・*高齢者痴呆介護研究・研修東京センター監修／2004年／中央法規出版）

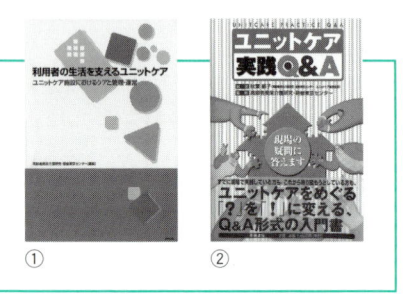

　①は厚生労働省が都道府県・指定都市の協力を得て実施しているユニットケア研修のテキストとしても使用されています。おもな内容としては、「ユニットケアの理念と意義」「高齢者とその生活」「高齢者の生活とその環境」「ユニットケアの具体的方法」「ユニットケア型施設における管理運営」などが盛り込まれています。

　一方②は、ユニットケアをめぐるさまざまな疑問や不安、迷い、誤解などを120のQuestionに集約し、写真や図表を活用しながらわかりやすく解説しています。Questionは「ハード（建物）」「ソフト（ケア）」「システム（施設運営）」の三つの側面に分類されているほか、巻末に掲載されている「鼎談 ユニットケアをとおして考える、ケアの想像と創造」からは先駆的な実践者による具体的な提言を読み取ることができます。

　ただし、これら2冊は、「こうすればうまくいく」という趣旨のマニュアル書ではありません。あくまでもユニットケアの基本的理解を促す入門書に位置づけられるもので、これから始めようとする取り組みへの動機づけにしていただけたらと思います。

　なお、追加的にいうと、視聴覚教材として『ユニットケアのポイント―入居者一人ひとりの生活を支えるために―』（*高齢者痴呆介護研究・研修東京センター発行／2004年）と題したビデオもおすすめです。このビデオには付属の小冊子もあり、各施設がユニットケアを導入するうえで欠くことのできない視点を簡潔にまとめています。

ポイント1　意思表明

2 研修会等に参加して学習する

　特別養護老人ホーム等におけるユニットケア導入の促進を目的に、すでにユニットケアに取り組んでいる施設、または今後ユニットケアの導入を予定している施設の管理者およびリーダー職員を対象として、いわゆる「管理者研修」と「リーダー研修」が実施されています。

　「管理者研修」は、認知症介護研究・研修東京センターを会場に、ユニットケアの意義のほか、それを効果的に実施・展開するための環境整備や管理方法などを講義と演習を通じて研修します。

　一方、「リーダー研修」は、ユニットケアの意義のほか、具体的な手法、また効果的に実施・展開するための職員間サポート体制のあり方などについて、こちらは講義と実習を取り入れた形で、認知症介護研究・研修東京センターが指定する施設において行います。

　これらの研修は国の事業として位置づけられ、平成15（2003）年からスタートしているもので、検討委員会での検討を踏まえて作成されたカリキュラムとテキストに基づいて研修が展開されていますので、ユニットケアの基本的な理解のためには非常に有効であるといえます。

3 先駆的に取り組んでいる他施設を見学し、学習する

　先駆的にユニットケアに取り組んでいる施設を見学するのも、とても意義があります。ただし、その際に大切になるのは、「どこに視点を置いて見学するか」です。例えば、ユニットケアという看板は掲げていても実際の援助は入居者本人とは程遠い、職員中心だったというのでは、かえって見学が逆効果にもなりかねません。

　ユニットケアとは、個別的なケアを実現するための手法といえます。具体的には、在宅に近い環境で、入居者一人ひとりの個性や生活リズムを尊重すると同時に、他者との人間関係をも築きながら日常生活を営むように介護していくものです。したがって本質的な理解のうえでユニットケアに取り組んでいる施設では、生活に伴う音やにおいがするとともに、入居者の表情も違っているはずです。

　そこで他施設の見学にあたっては、事前に書籍や研修会等から学んだ「ユニットケアの本質」を自分なりに箇条書きでまとめ、それをチェックリストのように用いて見学に臨むという工夫が必要です。

　見学する際、特に注目するポイントとしては、次のような事柄が挙げられます。チェックリストを作成するときの参考にしてみてください。

○入居者の表情はどうか
○職員の表情や動きはどうか
○どんな会話が聞こえているか
○どんな音が聞こえているか
○どんなにおいがしているか
○光は差し込んでいるか
○住みこなそうとする物があるか

　確かに当初は、見学する側も明確な判断基準をもっているわけではありませんから、まず見て回るしかないともいえますが、見たものを全面的に受け入れ、「それがすべてだ」と思わないようにすることが大切です。

　可能であれば、複数の施設を見学することにより、共通点と相違点を明らかにしてみてもよいでしょう。

＊「高齢者痴呆介護研究・研修東京センター」は発行当時の名称であり、現在は改称されています。

段階—2
職員に対して意思表明する

1 感じたこと・理解したことのデータ化

　「ユニットケアとは何か」を理解するために、書籍を読んだり、ビデオを見たりする。また、研修会等に参加したり、先駆的な施設を見学したりする。だからといって、読めばよい、見ればよい、研修会等に参加すればよい、施設を見学すればよい……というわけではありません。大切なのは、そこから何を読み取り、何を感じたか、さらには、読み取ったり感じたりしたことをどうかみ砕いて施設の職員に伝えるかということです。

　単純に、読んだか読まなかったか、行ったか行かなかったかという事実だけが問われるわけではないのです。

　何を読み取り、何を感じるかは人それぞれですので、ここで解説できるものではありませんが、大切なことは、感性で受け止めるだけにとどまらず、それらをデータ化していくという作業です。もう少し平たく表現すれば、文章化・記録化するといってもよいでしょう。

　自分が感じたことを記録としてまとめ、残すという作業は、ユニットケアに関する自分の目を養うことにつながるとともに、理解も深まっていきます。なぜなら、そこにこそユニットケアの本質があるからです。

　詳細はさきほどご紹介した推薦図書に譲りますが、ある施設が県から委託を受けて実施した研修会では、必ず事前アンケートを行い、次のような質問をしていました。

> ○あなたは、自施設または身近にある特別養護老人ホーム（もしくは介護老人保健施設）の入居者について、どのようなイメージをおもちですか？
> ○あなたは、自施設または身近にある特別養護老人ホーム（もしくは介護老人保健施設）での介護について、どのようなイメージをおもちですか？
> ○自施設または身近にある特別養護老人ホーム（もしくは介護老人保健施設）での介護に携わる人に求められるものとして、何が大切だと思いますか？
> ○あなたは「ユニットケア」に対して、どのようなイメージをおもちですか？

　ユニットケアを考える出発点は、ここにあるといえるでしょう。つまり、自分たちのこれまでの実践を振り返り、悩み、気づいていくこと……この積み重ねが重要なのです。そのためにも、責任者である施設長は自分が感じたことを大切にし、それをデータ化することが求められます。

2　職員に向けた説明会の開催

　責任者が自分なりにユニットケアを十分理解できたら、いよいよその導入へ向けて第一歩を踏み出すことになります。まずは、職員全員を対象とした説明会を開催しましょう。

　理想をいえば、施設の全職員が一堂に会し、同じ場所、同じ時間に同じ話を聞くことがよいと思います。というのも、施設長とて人間ですから、同じ趣旨の話をしようとしても、その時々で言い方が違ってくることも考えられるからです。

　しかし、物理的なことを考えれば、ほとんどの施設がシフト勤務の体制をとっているわけですから実際には無理で、2〜3回程度に分けて開催することになるでしょう。

　その際に責任者は、それまでに理解し、身につけてきた次のような事柄を具体的に、自信をもって説明することが大切です。

○私たちにとって暮らしや住まいとは？
○なぜユニットケアを導入するのか
○ユニットケアの導入により、入居者や職員にどんな効果が期待されるのか

　このときにもう一つ大切なのは、「自分の言葉で話す」ことです。データ化した気づきは、そのためにあるわけです。識者が書いた事柄や話した内容の引用も効果的でしょうが、それらはあくまでも借り物でしかありません。見方を変えれば、自分の言葉とは自分のなかに落ちたものであり、だからこそ、相手にも説得力をもって用いることができるのです。

　また、一方的に話をするだけではなく、質問なども受け付けて、職員それぞれがユニットケアに対して抱いている疑問や不安などを取り除くことも大切です。そうすることで、みなの意思統一が図れ、これから同じ目標に向かっていくことができるでしょう。

　どうしても時間がとれない場合には、文書にまとめて示す方法もありますが、できる限り時間をつくって、直接顔を合わせるなかで伝えていってほしいと思います。そうすることで、お互いの理解がより深まり、みなの連携がよりスムーズになるはずです。

Column　コラム

　各種研修会へ参加するにあたっては、人それぞれ、いろいろな動機があると思います。施設側（施設長や上司）からの業務命令により参加する人たちの割合も、決して少なくはありません。
　「ユニットケアと騒がれているが、本当に有効なのだろうか」
　「何か問題点があるのではないか」
　これまで何の説明もなく言い渡されるトップからの介護方針に翻弄されてきた現場の職員たちからは、新しいことに対する不信感がありありと見受けられる場合があります。
　それ以上に、「自分たちは精一杯やっているのに、これ以上何を勉強するのだ」という憤りに似た思いが見え隠れすることもありました。
　それほど、施設長をはじめとする責任者からの意思表明は、重要な役割をもっているのです。

◎**資料：施設長が文書で意思の表明を行った例**

ユニットケア導入に向けて

平成○年○月○日　施設長　○○　○○

　皆さんには、毎日の業務おつかれさまです。

　当施設も皆さんのおかげで無事6年が過ぎました。その経験を踏まえて、本年9月に3階部分に36床の増床を開設予定です。そこにはユニットケアを導入し、利用者のニーズに沿ったケアを提供したいと思います。

　なぜ、私がユニットケアの導入を決断したかと言うと、○○県○○市の「○○○○○」という施設を見学させていただいたとき、認知症高齢者の方がおだやかに過ごしていらっしゃる姿を見て感動を覚えたからです。

　ユニットケアは、ケアの大きな転換になりますが、建物ができたから、いいケアができるものではありません。「○○○○○」も導入までに何年もの時間を費やしたと聞いております。そこで当施設も本年9月のオープンに向けて、4月1日にユニットケア準備室を開設いたしました。

　皆さんもご存知の通り、高齢者福祉は介護保険制度が導入されたのを機に大きな変革の波が押し寄せています。従来の「措置」から「契約」へと変わり、高齢者のニーズも多様化して、ケアモデルの転換（特に認知症高齢者の対応）を迫られています。厚労省の打ち出した『2015年の高齢者介護～高齢者の尊厳を支えるケアの確立に向けて～』からもわかるとおり、小規模ケアの有効性が説かれ、今後、新設の特養は全室個室・ユニットケア型の施設のみ認可されるという状況にあります。

　「いつまでも自分らしく暮らしたい」と誰もが思っています。「その人らしさ」を支えるには、一人ひとりをみていくこと、それが個別ケアであり、「今までの暮らし」を継続させる施設として「自宅でない在宅」にする手段の一つがユニットケアであります。入居者中心の入居者ペースで生活を支える、楽しい環境と楽しい人間関係のなかで入居者の皆様にはおだやかな時間を過ごしていただきたいものです。

　老人保健施設にユニットケアを導入することは、○○○市では初めての試みであり、○○県でもいまだわずかと聞いております。それゆえに周囲からの関心の高さや期待も大きなものがあるようです。

　今後、オープンに向けて準備を進めてまいりますが、準備室だけで開設できるものではありません。当施設の職員みんなで取り組む事業であります。準備室からは、現在の取り組みや進捗状況のお知らせ、勉強会のお知らせ等々、タイムリーに職員の皆さん方に情報を発信してもらうことにしました。全員参加型で高齢者の尊厳を支えることのできるユニットケア施設の確立を目指し、努力していただきますようお願いいたします。

3　基幹スタッフの育成と共通理解の促進

　責任者である施設長からの意思表明により、「私はこうしたいと思っている」ということが公になったとしても、その思いが一度で全員に浸透し、理解されるわけではありません。どんなに介護の経験があったり、いくら優秀な職員であったとしても、突然「ユニットケアとは……」「居住環境のもつ意味は……」といわれても、戸惑いや不安を抱く場合がほとんどです。

　その意味では、責任者による意思表明の段階で何もかも浸透させようとしたり、すべてを理解してもらおうと責任者側が気負ってしまっては、逆に効果が上がらないことも考えられます。この段階で最も重要なのは、「本気でユニットケアを導入していくのだ」という決意であり、意気込みであるといえるでしょう。

　では、すべての職員にユニットケアを理解してもらうためには、どうしたらよいのでしょうか。
　既存の施設がユニットケアを導入していく場合に有効だと考えられるのは、職員のなかから基幹スタッフとなるべき人たちを選び、育成して、そのスタッフを核として他の職員たちへ、ユニットケアの本質を時間をかけて伝えていく方法です。
　ここでいう基幹スタッフとは、ユニットリーダーおよび主任と呼ばれるまとめ役になる人です。基幹スタッフを配置するイメージは図1のようになりますが、これらの人たちをいかに育てていくかも、責任者の重要な役割の一つといえるでしょう。

◎図1：基幹スタッフの配置イメージ

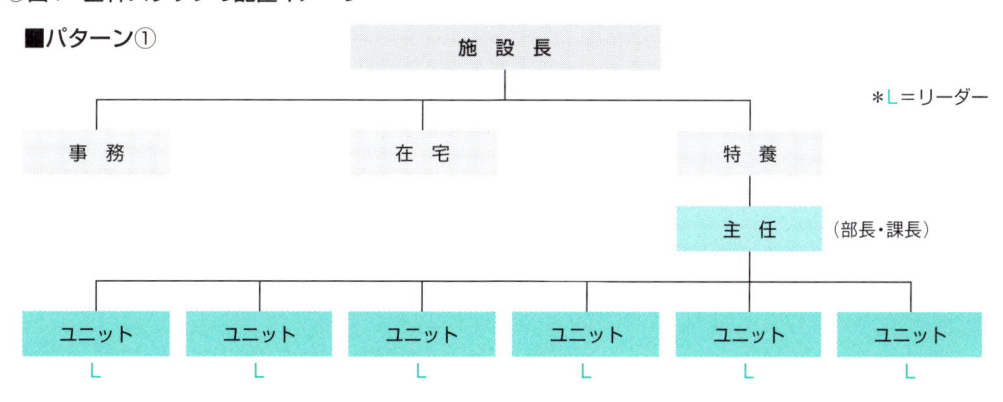

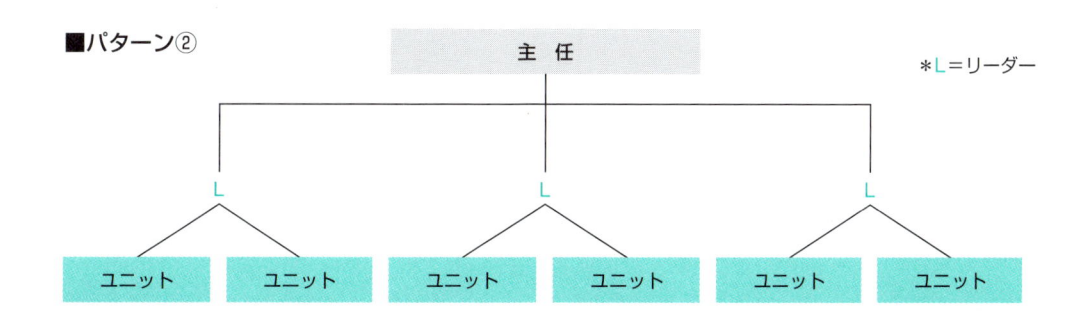

■パターン①

```
                    施 設 長
        ┌──────────┼──────────┐
      事 務        在 宅        特 養         *L＝リーダー
                                  │
                                主 任　(部長・課長)
        ┌────┬────┬────┬────┬────┐
      ユニット ユニット ユニット ユニット ユニット ユニット
        L     L     L     L     L     L
```

■パターン②

```
                    主 任
        ┌──────────┼──────────┐
        L           L           L            *L＝リーダー
      ┌─┴─┐      ┌─┴─┐      ┌─┴─┐
   ユニット ユニット ユニット ユニット ユニット ユニット
```

■パターン③

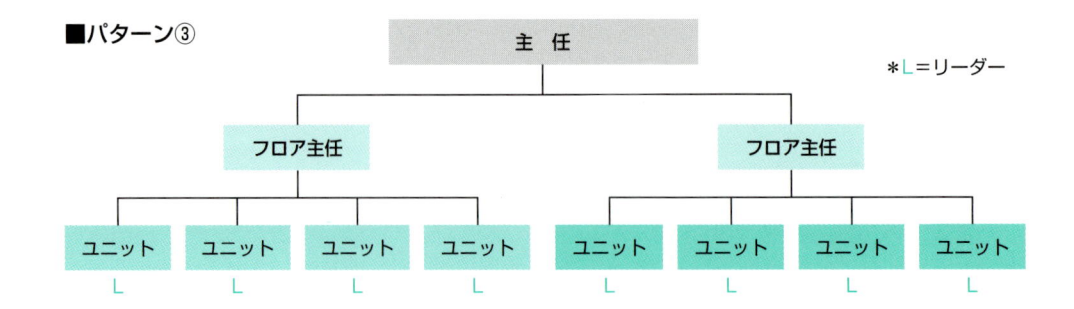

```
                    主　任
          ┌───────────┴───────────┐
       フロア主任                フロア主任
    ┌───┬───┼───┐        ┌───┬───┼───┐
  ユニット ユニット ユニット ユニット  ユニット ユニット ユニット ユニット
   L    L    L    L      L    L    L    L
```
*L＝リーダー

　というのは、このユニットリーダーは施設内の仲間づくりを促進するのにも有効だからです。現実問題として、職員が小グループの単位で集まり時間をかけて「ユニットケアとは何か」とお互いに意見を言い合えるのは、オープン前の時期しかありません。ですから、その時期にいかに話し込み、仲間同士で共通の理解が得られるかが、その後の大きなポイントになるといえます。

　この時期にどんなことを話し合えばよいのでしょうか。
　いちばん大切なことは、「自分たちは具体的にどのようなケアを行うのか」を話し合い、とりまとめた結論を共有することです。
　ユニットケアは施設を小さく分ければできると誤解されているようです。確かに小規模化に向けた建物の整備は重要ですが、それと同様に、もしくはそれ以上に大切なのは、ユニットにおけるケアの部分です。
　小規模ななかでの個別的なケアは、従来のケアから大きな発想の転換を求められることになります。だからこそ、施設現場にいきなりユニットケアを導入しようとすると、職員はそれまでのケアすべてが否定されたような錯覚に陥り、抵抗感も強まるのです。
　そこで、ユニットケアの基本理念を理解したうえで、次のことを現場の視点で話し合うようにします。

> ○入居者にどのような生活を送ってもらうのか
> ○そのためにどのようなケアを行うのか
> ○そのために必要な居住環境や職員配置・勤務体制はどのようなものか

　この段階でユニットリーダーがイニシアチブをとりながら、小グループ内の信頼関係を築いていけば、オープン後の現実的な問題も共通理解のもとに対応していくことが可能になるでしょう。その意味から、ユニットリーダーをはじめとする基幹スタッフの育成は、ユニットケアの理念をすべての職員に浸透させる大きな仕掛けになり得るのです。

　ただし、ユニットケア型の施設を新設し、施設全体で一斉にユニットケアを始めるというような場合には、これまで述べてきた方法が行えるとは必ずしも言えません。というのは、新設の場合には基幹スタッフとなるべき人材を募集しなければならないわけですが、これらの人材が立ち上げの早い段階から集められるわけではないからです。逆に集まらないケースのほうが多いでしょう。
　また、早い段階では、集まった人たちが実際にどのような人たちなのか、的確に見極められるとも限りません。その意味では、文字どおり、責任者の責任においてユニットケアの共通理解を進めていくしかない場合もあります。

〔ポイント１〕でのチェック項目

⬇責任者がユニットケアを理解する

- ☐ 1　積極的な動機からユニットケアの導入を思い立ったか。
- ☐ 2　ユニットケアの本質的な理解に向けて、関連書籍を通読したか。
- ☐ 3　ユニットケアの本質的な理解に向けて、研修会等に参加したか。
- ☐ 4　ユニットケアの本質的な理解に向けて、先駆的に取り組む他施設を見学したか。
- ☐ 5　他施設の見学に際して、注目すべきポイントをあらかじめもっていたか。

⬇職員に対して意思表明する

- ☐ 6　ユニットケアの学習を通じ、感じたことや理解したことを記録としてまとめたか。
- ☐ 7　ユニットケアに対する知識や理解は十分か。
- ☐ 8　自分が行いたいケアの形はみえているか。
- ☐ 9　自分が行いたいことを職員に伝えるために、説明会などの集会は開いたか。
- ☐ 10　説明会などの集会で自分の考えを、自分の言葉でしっかり伝えたか。
- ☐ 11　一方的な説明に終始せず、職員の疑問や不安も受け付けたか。
- ☐ 12　説明会などの集会を開けない場合に、他の手段で職員に自分の意思を伝えることができたか。
- ☐ 13　職員のユニットケアに関する共通理解に向けて、基幹スタッフの育成に心がけたか。

ポイント2
居住環境の設計

「どういった建物をつくればよいのか」
「改修するにしても、どこをどう変えたらよいのか」
　ユニットケアにおける居住環境の側面は、ケアの質を決める最も重要なファクターの一つです。にもかかわらず、実際にはその点をあまり深く考えることなく、設計士にすべて任せきりにしてしまうケースが多いようです。しかしそれでは、自分たちの理想とかけ離れた建物になってしまい、「思い描いていたケアができない」なんていうことにもなりかねません。
　〈図面1〉をみてください。これは既存の施設を改修し、新しくユニットケアを始めようとしている施設の改修案です。リビングに畳コーナーを設けたり、浴槽を増やしたりと、ところどころにユニットケアを始めようという意気込みは感じられます。しかし、その畳コーナーも家庭ではあり得ない形状だったりと問題点がみられます。
　では、どうすればよりよいケアの土壌をつくり上げられるのでしょうか。
　この図面がどう変わっていったかを一つひとつ検証していくなかで、その疑問に答えていこうと思います。

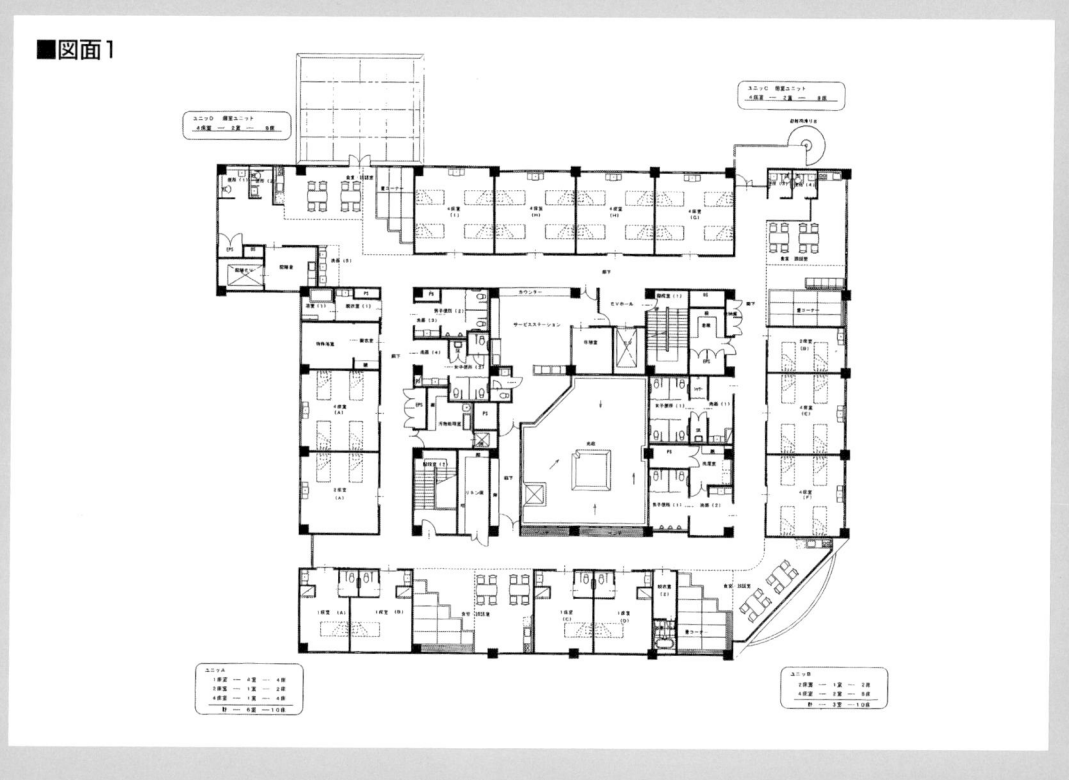

■図面1

課題—1
設計の準備にとりかかる

1 設計に関わる職員の体制

　図面そのものを議論する前に、どのような建物を建てるかについて、施設内の誰が設計段階から関わるのかを考えてみましょう。

> ＜従来は＞
> 　施設長もしくは法人の理事長、また事務長などが個別に設計士とやりとりをしていた、というのがほとんどでした。

⬇

> ＜理想的には＞
> 　責任者である施設長のほか、事務サイド（事務長等）と現場サイド（介護職員等）の代表者、それに設計士がチームを組んで、どのような建物を建てるかについて話し合うのがベストです。

　ユニットケアで重要なのは「入居者の生活」です。つまり、「どんな生活がしたいのか」という入居者の思いや希望、意欲、嗜好などが総合的な形で建物に反映される必要があります。そのためには、入居者に直接関わっている現場の介護職員が設計段階から参加することが望ましいといえます。

　ただし、ここで気をつけなければならないことは、その介護職員がどのくらいユニットケアを理解しているかという点です。
　例えば、「トイレの仕切りはカーテンのほうがよい」という意見があります。「ドアでは中で倒れている入居者が見えないから」という理由からです。しかし、それならば、カーテンの隙間を気にしながら、落ち着いて用が足せるでしょうか。
　また、入浴の場面でも「個浴よりも大浴場のほうがよい」とする人たちも少なくありませんが、その理由の一つとして、個浴で入ってもらった経験がないために個浴が提案できないことが考えられます。
　現在働いている介護職員の多くは、自分が所属する施設での経験、もしくは同じような施設での経験しかありません。とすると、従来の高齢者福祉施設は必ずしも入居者にとって生活の場になっていませんでしたから、いわば集団処遇の視点に基づいて建物も設計されており、そこでの経験しかない介護職員にとってユニットケアの導入は、天動説から地動説への転換に似た大きな変化かもしれません。
　その意味では、単純に介護職員を設計段階から関わらせればよいわけではなく、本当に入居者の立場に立ち、その人の暮らしを理解して具体的なケアを提案できる介護職員がメンバーとして参加すべきでしょう。

　責任者である施設長の方々から、「介護職員に委ねる」という発言をよく耳にします。このことを否定するつもりはまったくありません。ただし、そのためには、介護職員がユニットケアに関する知識を本当の意味で理解

していることが前提となります。そうでなければ、従来、設計士に丸投げしていた状況と本質的に変わっていないといえるでしょう。

　〔ポイント1〕で、責任者がユニットケアを理解することの重要性を述べました。実はその重要性は、この〔ポイント2〕でも同じ意味をもちます。つまり、設計段階に関われるだけの介護職員が自分の施設にいるかどうか、そのことを見極めるためにも、施設長はユニットケアを本質的に理解していなければなりません。

　と同時に、これも〔ポイント1〕で述べましたが、基幹スタッフの育成も重要になってきます。というのは、ユニットリーダーと職員からなる小グループで「自分たちは具体的にどのようなケアを行うのか」について検討を進めていく取り組みこそが、実は、設計士や施工業者と居住環境面の検討を行ううえで重要なウエイトを占めていくことになるからです。

　いずれにしても、それほど責任者である施設長に求められる役割は重要なのです。

2　設計者・施工者との関わり方

　設計に関わる施設内のメンバーが決まったら、次の段階としては、どこの設計事務所や建設施工業者に発注するかを検討することになります。

　これは一概には言えず、ケースバイケースで検討するしかありません。

　例えば、全面的な建て替えを行うのであれば、複数の事務所・会社に見積もりを出してもらい、そのなかから予算的なことも踏まえて選ぶという方法も考えられなくはありません。一方、改修型であれば、現在の建物を設計し、建設した会社に依頼・発注したほうがスムーズにいくというメリットがある反面、現在の建物に不具合がみられるような場合には、まったく別の事務所・会社にお願いしたほうがよいとも考えられます。

　新規の依頼と継続的な発注、どちらにどのくらいのメリットとデメリットがあるのかを十分に検討する必要があります。

　設計事務所が決まれば、その事務所に図面（設計図）を作成してもらうことになりますが、ただやみくもに作成依頼をすればよいわけではありません。また、設計事務所に対して何の説明もなく、「とにかく設計図をつくってきてください」というのではあまりに乱暴と言わざるを得ません。そこで、施設側と設計側との意思疎通が重要になります。では、どんなところに配慮しながら話を詰めていけばよいのでしょうか。

　ここでは、三つのポイントを挙げてみます

1 施設の理念を伝える

　設計段階に関わる施設側メンバーの総意として、「自分たちがどういうものをつくりたいのか」を、最低限の情報として設計士に伝えるべきでしょう。設計士としても、その施設（法人）が何を望んでいるかは少なからず知りたいはずです。

　担当の設計士には、誰のために、何を目的として建物を改修（もしくは新築）するのかを自分たちの言葉で説明するようにします。そのとき、もし自分たちにユニットケアをめぐる基礎知識が十分でないと自覚するならば、設計士を含めて、理想的な建物の施設を見学に行くことも有効だと思います。「百聞は一見にしかず」ですから。

　もちろん、建築面では相手側がプロなわけですから、専門分野にまで立ち入った無茶な注文をする必要はありません。かといって、必要以上に、設計側の言うなりになることもありません。というのも、担当の設計士が、この段階ではユニットケアを十分に理解しているわけではないからです。

　施設側と設計側とは、決してどちらかが主で、どちらかが従にある関係ではありません。あくまでも主体は入居者であって、その人の生活を支えるために、施設側・設計側の両者が、この段階から意思の疎通を図っていくことが重要なのです。

2 予算を提示する

　理念や理想を伝えるのはよいのですが、そのことばかりに燃えてしまい、現実的でない話に終始してしまっては困りものです。実際問題として綺麗事ばかりでは済まされず、ときには、何が可能で何が困難なのかを踏まえたうえで妥協することも求められます。ここは冷静に、現実的にどう対応するかも考えましょう。

　そのときに大切な要素の一つが「予算」です。

　ある設計事務所の試算によれば、改修は新築に比べて経費がかかるといわれています。なぜかといえば、新

築は何もないところからつくり上げるのに対して、改修はすべてが好きなようにできないからだといいます。どこが傷んで、どこが傷んでいないかなど、その建物によって改修時のポイントも違ってくるようです。

また、措置制度の当時に建設した施設は、必ずしもユニットケアへの転換に伴う改修を見据えてつくられたわけではありません。そのため、今のニーズに即して改修しようとなると、当時の視点にはなかったスペースの改修が必要となり、結果として予想を超えた経費がかかることにもなります。

その意味では、施設としてどれくらいの予算が確保できるのか、あらかじめ設計事務所や建築施工業者とも協議しておく必要があります。

Column コラム

　工事費を総額でみると、新築よりも改修のほうが断然安くなります。というのも、改修の場合、「厨房はこのままでよい」「エントランス部分には手を加えない」など、すべてのスペースを修理しなくてもよいからです。

　ヨーロッパの建物と違い、これには文化的な背景があると考えられます。日本の建物はそもそも改修を前提として建てられてはいないのです。

　日本の一般的な住宅は、およそ20～30年を1サイクルの尺度としているといわれています。他方、ヨーロッパでは建築から100～200年経過している建物を多く目にします。あの建物の設計は、「改修して住む」ことを基本に考えられているのだそうです。スタートの設計段階から考え方が違うのですね。

3 シミュレーションを試みる

「ここで、こういう暮らしとケアを始めるからこそ、こんな建物が必要になる」

設計段階から、施設側と設計側との両者によるシミュレーションの試みが望まれます。ハードだけを整えても、結局、その場における具体的な援助が見据えられていなければ元も子もないのです。

と同時に、[ケア→ハード]の視点だけではなく、[ハード→ケア]という視点でもシミュレーションを行うことが大切です。「将来、このスペースができたときには、こんなケアを展開していこう」

「この建物にはどうしても限界があるから、実際のケアはこうしていこう」

このような双方向のシミュレーションがなされて初めて、理念に基づいた具体化ができたといえるのです。

これまでにユニットケアの導入を図ろうとした施設であっても、例えば、「どのようなケアを行うのかという理念の検討」「居住環境のもつ意味についての理解」といった側面がとぼしいことがありました。その意味では、ユニットケアの基本理念を、責任者、基幹スタッフ、すべての現場の職員が理解し、共通認識をもつことが求められます。

そのうえで、上記1と2を設計者や施工者に説明し、3も試みながら、設計者と施工者の十分な理解を得て、専門的見地からの助言を求めることになります。

例えば、図面の作成にあたっては、施設基準、建築基準法、消防法といった関連法規のほか、各地方自治体の条例等も踏まえなければなりません。さらに改修の面では、給排水や空調換気、電気、防災に関する設備の工事も伴うことがありますから、これら専門的な部分については文字どおり専門家の意見を踏まえて、合意を形成していくことが大切です。

課題—2
入居者の居場所を確保する

　限られたスペースと予算のなかで、何ができて何ができないのかをよく見極め、よりよい環境をつくり上げることが大切であることはすでに述べました。なかでも、居室の配置は、「どういう施設にしていくのか」「どういうケアをしたいのか」といった事柄に密接に関わってきます。
　では、何を優先し、どんなことに気をつけて設計していけばよいのでしょうか。
　事例も交えながら考えてみます。

1　個室か、個室的多床室か

　ユニットケアとは、個別的なケアを実現するための手法といえます。具体的には、在宅に近い環境で、入居者一人ひとりの個性や生活リズムを尊重すると同時に、他者との人間関係をも築きながら日常生活を営めるように介護していくものです。
　その実践のためには、個性や生活リズムを保つための「個室」というハードが必要になってきます。言葉を換えれば、個の空間をどう保障するかという視点です。先年亡くなられた外山義先生の理論の原点もそこでした。
　では、個室とは、どんな意味をもつ場所なのでしょうか。
　「ほっとできる場所」
　「自分専用のスペース」
　「身の置き所」
　表現の仕方はさまざまだと思いますが、理論的にいえば、プライバシーを守ることができ、なおかつ、その空間の明るさや音、温度などを自分で調節できる場所と定義づけることができます。
　その意味では、「個室」と「準個室」とは似て非なるものといえるでしょう。カプセルホテルや寝台車をイメージしてみてください。確かに一人ひとり使用できるように区切られてはいますが、音や光は必要以上に外へもれてしまいます。
　これが多床室となれば、プライバシーの確保はより難しくなります。従来の特別養護老人ホームにおける4人部屋や6人部屋を考えれば、すぐ理解できることでしょう。

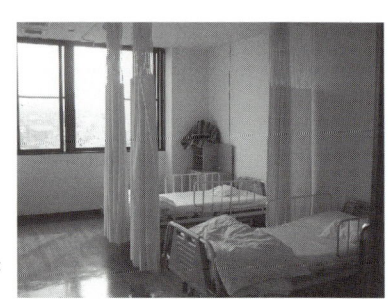

▶カーテンでのみ仕切られた従来型の多床室

2003(平成15)年6月に厚生労働省老健局から出された報告書『2015年の高齢者介護』のなかでは、利用者の尊厳を保つ介護が打ち出されています。このことを踏まえれば、「居室」がもつ意味も従来とは大きく変わりました。つまり、一日のうちで単にいちばん長くいる場所から暮らしの場へと、居室の用途が変化してきたわけです。ユニットケアに関わる職員は、常にそのことを意識しておかなければなりません。

　【課題1】でも述べましたが、ユニットケアを導入するにあたって現存の建物を改修する場合には、予算やスペース等の関係からすべてのケースにおいて個室を設計・建築できるとは限りません。
　具体的に考えてみましょう。建築工事を伴って居室の個室化を図る場合には、間仕切りの変更のみならず、個別空調、個別照明、電源の確保、スプリンクラーの設置などが必要になってきます。全面的な建て替えならばともかく、既存の施設が改修の手段をもってこれらの事柄をクリアするためには、通常、定員を減らすか、もしくは拡張を図らない限り実現は困難になります。結果として、やむを得ずに現実的な対応を迫られることもあるでしょう。
　では、現実的な対応とは何か？
　言葉を換えて表現するならば、居室の居住性を高めるために簡易な改修を行うということです。例えば、多床室を家具やパーティションで仕切り、空間としての独立性を高めれば、プライバシーを確保することも可能になります。
　自分の家を建てるときも、似たようなことが考えられるのではないでしょうか。例えば、子どもが2人いる場合、できることならば1人1部屋を与えてやりたい。しかし、建築費用が足りない。そこで、少し広めの部屋にして、アコーディオンカーテンで仕切りをつくるといった対応策です。
　ただ、そうした対応をとるときに、必ずメリットとデメリットの両方をあらかじめ想定しておく必要があります。【課題1】でも述べた、シミュレーションの実施です。
　ユニットケアに話を戻せば、次のようなポイントを想定し、あらかじめ検証しておくことが大切になります。

○個室と*準個室とはどう違うのか
○個室的多床室を設置する場合、メリットとデメリットはそれぞれ何か
○限られた空間のなかでどのようなケアを展開していくことになるか

　これらのことを検証するなかで私たちが基本に据えておかなければならないことは、先にも少しふれましたが、居室のもつ意味が大きく変わってきたということです。
　従来の高齢者福祉施設では、"住まい方"という意識がずいぶん希薄でした。つまり、生活よりは療養の場であったり、また介護の効率性に基づいたハード設計であったりと、そこが入居者にとっての居住空間とはいえない側面が多かったのです。
　入居者にどのような生活を送ってもらうのか、そのためにはどのようなケアを展開し、どのような空間をしつらえればよいのか。これらを三位一体のものとしてとらえ、検討することが、入居者の居場所を確保するうえで大変重要になります。

＊ユニットケア型準個室とは、個室に求められる性能に準ずる性能を備えたもので、①床面積10.65㎡以上、②床面積の7分の1の採光窓を有する、③間仕切り壁の上部に30～50cm程度の隙間があっても可、④壁は固定壁、という条件を満たしたものをいう。

2　個室に求められる三要素

個室に求められる三要素としては、次のものが考えられます。

○洗面設備
○自分で調節できる空調設備
○自由に使える照明

これら三つの要素を一つひとつ検討しながら、個室のあり方について考えてみましょう。

1 洗面設備

　洗面設備はできる限り個室に設置することが望ましいでしょう。
　とりわけいちばん効果が現れるのは、口腔ケアの場面です。高齢者の場合、口腔ケアの重要性はいうまでもありませんが、自分のペースでゆっくりできることは本人に安心感を与えます。また、義歯の洗浄についても、どれが自分の義歯かなど、他人のものとの間違いを気にかける必要もありません。
　それ以外にも水に関連した生活行為は、「来訪者にお茶を入れる」「洗い物をする」「植木に水をやる」など思いの外に多く、洗面設備は生活を豊かにしてくれます。

2 空調設備と照明

　従来の施設では、フロア単位で空調や室内温度を管理していたところが多かったと思います。しかし、暑い・寒いという感覚は本来個人差のあるものです。同様に、居室の照明についても起床時間に一斉に点灯し、就寝時間に一斉に消灯する施設がほとんどだったのではないでしょうか。
　また、これも従来の施設の多くは、居室も食堂も脱衣室も、ほとんど同じ蛍光灯を使って同じような明るさをつくっていました。しかし本来は、居室とリビング、また廊下、トイレ、浴室など、それぞれのスペースがもつ役割は違うわけですから、その役割に応じた明るさを保っていれば十分なはずです。
　その意味では個室のもつ特性として、温度設定が自分で調節できる空調設備が整っており、なおかつ電灯を自由につけたり消したりできる環境になっていることが望ましいといえます。こうした居住環境こそが、"その人らしい生活"の保障につながっていくのです。

　しかし、予算との関係でどうしても居室を個室化できなかったり、設計上、個別の給排水の設備工事や、個別空調・個別照明等の改修工事ができないというケースも考えられます。そのような場合であっても、ユニットケアの導入にあたっては、居住性を高めるための工夫を試みなければなりません。つまり、多床室の形態は残しながらも、そのスペースを"個を守る場所"に変えていかなければならないのです。
　例えば、照明の問題です。個室化することが難しいために多床室に仕切りを設けて個室的多床室をつくる場合、配線等の関係で個別の室内灯をつけることができなかったとします。そこでの工夫は、電気スタンドの活用です。多床室の電灯が一定時間に消されたとしても、電気スタンドがあれば手元を照らすことは十分可能です。これならば経費的にも安くすませることができるでしょう。

いうまでもなく、ハード面の工夫は居住環境の改善を図るための一つの手段であり、その実現にあたっては、個別ケアに代表されるソフトの見直しが必要になってきます。ソフトの見直しに取り組むなかで、個室の必要性や、リビング・浴室等を分散させることの重要性に気づいたときに、ユニットケアに適した改修を行うことが可能になるのです。

　建築工事を伴う改修の場合、どうしても現存の建物に規定される可能性が高くなってきます。そのなかでいかに個室的多床室のメリットとデメリットを整理し、限られた空間のなかでどのようなケアを展開していくのか？　これは、欠かすことのできない大変重要な視点といえるでしょう。

Case Study 1　ケース・スタディ

　個室に必要な条件の一つは、広さ。
　入居者一人ひとりが自分の家具を持ち込めるように、また、ベッドの両脇から介助が行える空間をつくっておくことも念頭において、十分な広さを確保してください。
　狭い居室を数多くつくることは避けましょう。
　この施設でもほとんどの部屋を個室にする案がありました（図面2）。
　余ったスペースができた場合には無理して個室を設けることなく、多目的室としての利用を考えたほうがずっと有効的な活用につながります。

■図面2

　　ほとんどの部屋を個室にしようとしていた。

課題―2　入居者の居場所を確保する

3　ユニットの数と位置関係

　ユニットケアの導入に伴って建物を新設または改修するにあたっては、基本的にユニットの数をいくつにするかを考えなければなりません。これによって居室の数と配置の仕方が決まってくるとともに、職員配置や勤務体制にも関わってくることになります。

　このうち新築の場合であれば、施設の理念に基づいて、「入居者にどのような生活を送ってもらうのか」「そのためにどのようなケアを行うのか」「そのために必要な居住環境はどのようなものか」という三つの要素を具現化するユニット数を検討すればよいと思います。
　一方で改修型の場合は、すでに建物の面積や入居定員も決まっていることが多いので、「施設の理念」と「現実的な対応」との葛藤がいちばんの悩みどころになることでしょう。それぞれの空間がもつメリットとデメリットを整理し、どこでどのように折り合いをつけていくかの決断をしなければなりません。

　いずれにしても、これから展開されるケアの根本につながることなので、よく吟味してから決めるようにしてください。

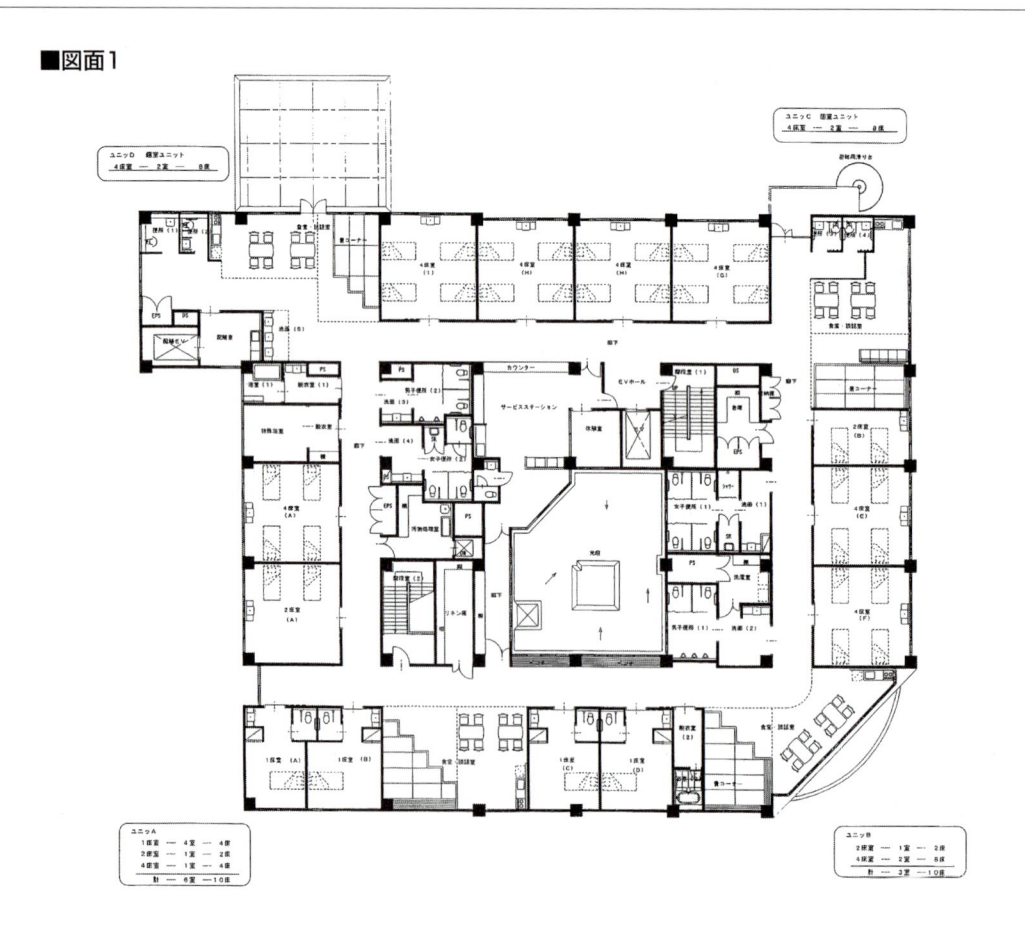

■図面1

Case Study 2

左下の＜図面1＞をもう一度見てください。

この施設は36床で回廊型。その四隅にリビングを設け、そこを中心とした計四つのユニットをつくろうとしていました。ベッドの数は36、1ユニット9人ずつの計算です。

しかし、既存の部屋が4人部屋だったためうまく分けられず、1ユニットに12人ずつの3ユニットとしました。それが＜図面3＞です。

ところで、3ユニットにしたために、リビングから遠い居室もできてしまいました。図面の中でいうと「A-6」「B-4」「C-1」と表示されている部屋です。

ユニットケアをめぐる従来の考え方では、これらの部屋はリビングから遠く、その雰囲気を感じることができないといわれてきました。そのため、できれば居室はリビングを中心に、そこからの音やにおいなどが感じられる近さに配置したほうがよいと理論づけられていました。しかし最近では、そうした考え方だけにとらわれない、新しい考え方も生まれてきています。

最近特に重要視されるようになってきたのは、リビングがもつ役割と機能性です。つまり、リビングにどんな人たちが集まり、どんな使われ方をしているのかを見極めなければなりません。リビングが魅力的で、落ち着きやすくつろぎが感じられる場所ならば、多少居室からは離れていても、自然と入居者が集まってくるのではないか。

ただ単に建物だけを整備すればよいわけではない、という考え方ですね。

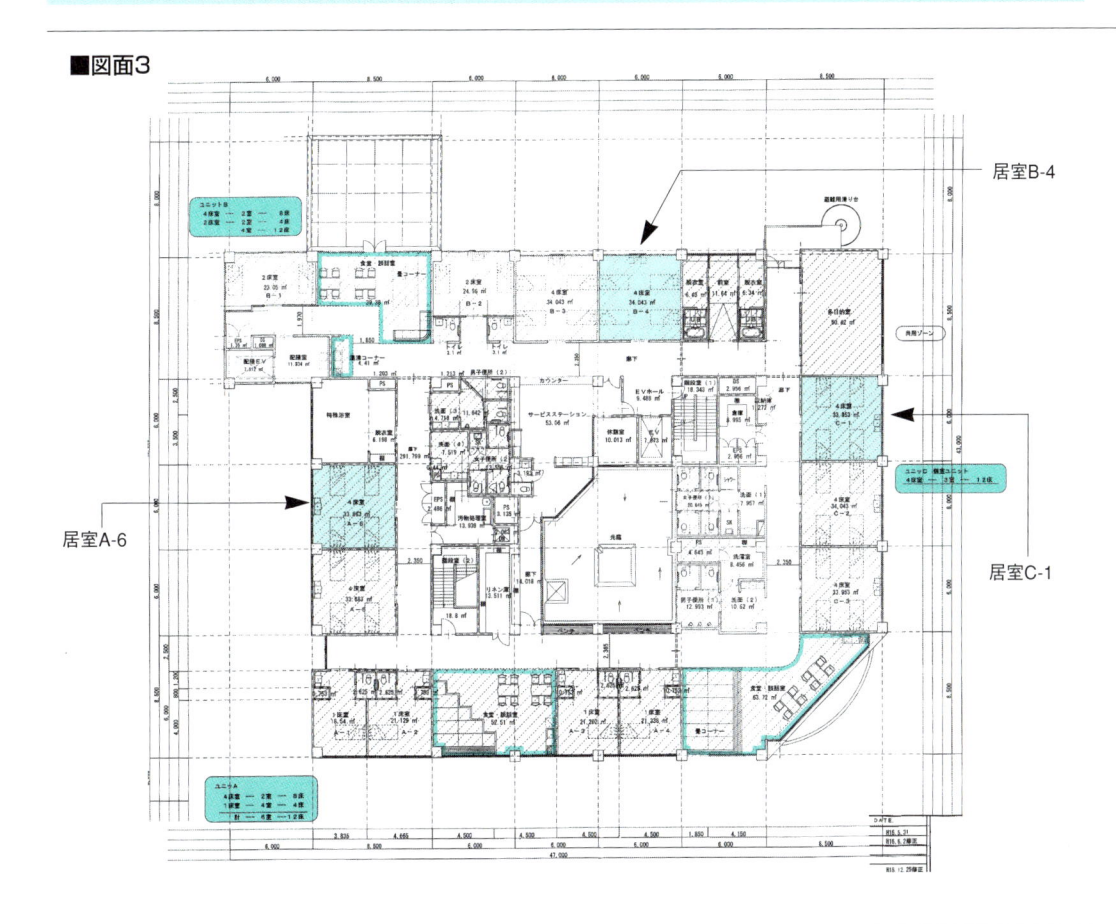

■図面3

居室B-4

居室A-6

居室C-1

課題—2　入居者の居場所を確保する

［検討前 ▶ 検討後］

【課題2】で取り上げた検討事項を踏まえて最終的につくりあげたのが＜図面3＞です。

この施設の場合、多くの個室をつくるには既存の4人部屋を区切らなければなりませんでした。もともと各4人部屋に1か所だった空調や電気のスイッチなどを個室化に伴って4か所に分けることは難しく、また費用もかさむことから、結局は断念せざるを得ませんでした。

ただし、4人部屋のスペースを残したことにより、図面右上にみられるような空きスペースができたため、ここを多目的室（共用ゾーン）として設置することとしました。

どうしても改修による個室化が困難な施設にあっては、「小規模生活単位型」の介護報酬は適用されないものの、居住環境の改善を図る観点から、多床室を準個室に改修することが課題となります。なにごとにも完璧というものはありません。どうすることがいちばんベターなのか、限られた選択肢のなかで常に考え続けることが大切です。

■図面1（検討前・4ユニット）

従来型の4人部屋を個室的多床室に改修

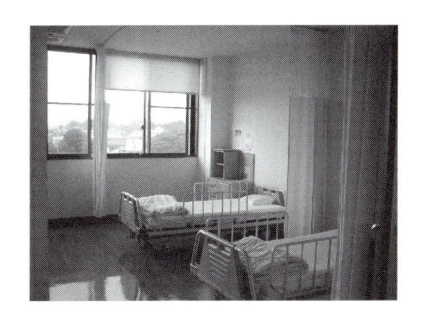

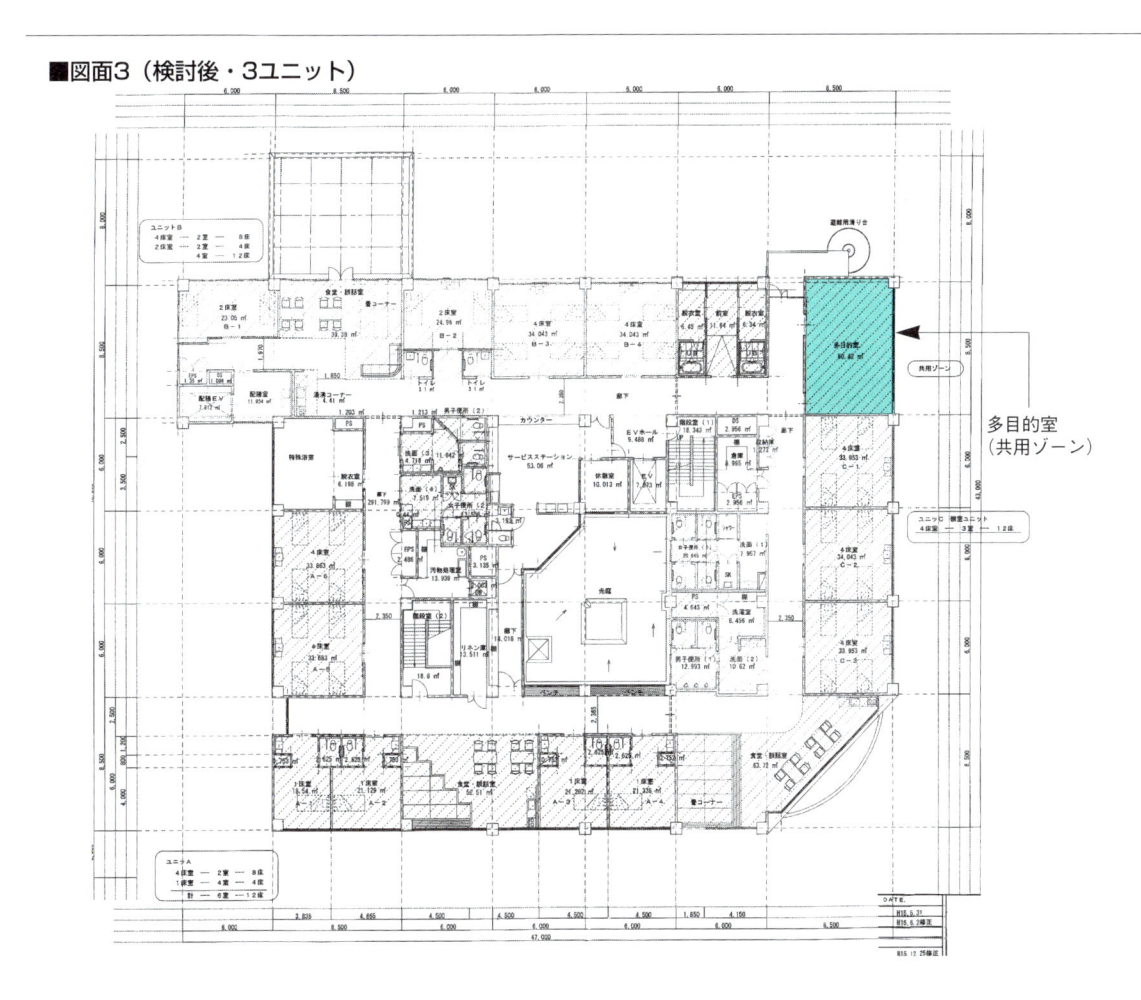

■図面3（検討後・3ユニット）

多目的室
（共用ゾーン）

課題—2　入居者の居場所を確保する

課題—3
リビングをつくり込む

　リビングはユニットケアにおいて最も重要な空間の一つです。ここをいかにつくり込むかでケアの質が決まるといっても過言ではありません。ただし、それだけに、よい空間をつくり上げることが難しい場所でもあるのです。

　使いやすく馴染みやすいキッチン。

　ホッと一息つけるようなちょっとしたスペース。

　理想はイメージできても、実際にどうすればそれが実現できるのか、わからなくなってしまう人も多いでしょう。

　さて、この施設ではどうでしょうか。

　＜図面3＞をリビングの部分に着目して見てみましょう。ユニットA・B・Cにそれぞれリビングがありますが、そのいずれもが食卓と畳コーナー、流し、調理台、コンロで構成されていて、まさに教科書どおりのつくりとなっています。

　このように、必要とされるものをただ配置さえすればケアそのものが大きく変わるという、誤った認識のままユニットケアを始めてしまう例は後を絶ちません。

　ではどんなことに気をつけていけばよいのでしょうか。

　＜図面3＞の問題点を追いながら考えていきましょう。

■図面3

24　　　　ポイント2　居住環境の設計

1 リビングと住まいの感覚

　リビングはくつろげる空間であってほしい。これは誰しもが思うことでしょう。
　仕事から帰ってきて何にも考えずにテレビを見ている時間や、休日の昼間にソファでごろごろする時間というものは何ものにも代えがたいものです。
　これは施設の入居者にとっても同じことで、そこに居心地のよい空間があれば自然と人が集まってきますし、話に花が咲くことにもなるでしょう。

　居心地のよさを計る一つの視点として、「適当な広さ」があります。つまり、適度に仕切られた空間ということです。
　広い空間にはいろいろな使い方がありますが、気をつけなければならないことは、ただ広いままにしないこと。広すぎる空間はかえって居場所を見つけにくくしてしまいます。もちろん、閉鎖的で、空気も流れないような仕切り方をしたのではかえって逆効果ですが、カーテン一枚、衝立一つで区切られた広すぎない空間は、人間の心を落ち着かせてくれます。
　リビングの独立性が低い場合には、リビングを落ち着きのある空間にすることが大切です。パーティションやすだれなどで空間を仕切ったり、居室からリビングが見渡せるような家具の配置を避けたりすることも一つの方法です。
　一方、独立性が高いリビングの場合には、空間としての落ち着きはほぼ確保できています。むしろ独立性を高めすぎず、リビングの気配が伝わり、気軽に立ち寄れるような仕掛けづくりが必要です。

■図2：居室とリビングの位置関係

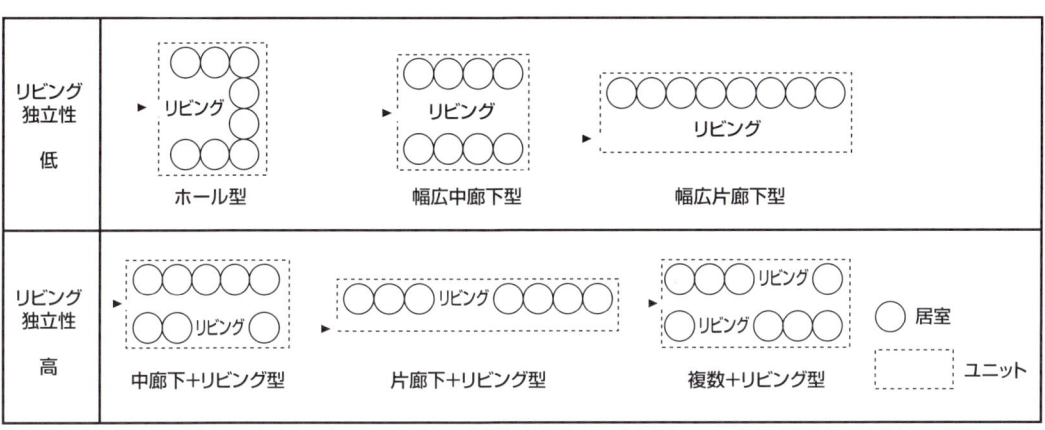

リビング独立性			
低	ホール型	幅広中廊下型	幅広片廊下型
高	中廊下＋リビング型	片廊下＋リビング型	複数＋リビング型

○ 居室
［ ］ ユニット

出典：高齢者痴呆介護研究・研修東京センター編『利用者の生活を支えるユニットケア～ユニットケア施設におけるケアと管理・運営』中央法規出版、42頁、2004年

VIEW POINT　　　　　　　　　　　　　　　　　設計士の視点

　私のこれまでのイメージでいけば、施設のなかに障子や衝立（ついたて）を入れてあえて区切るという考えはまったくありませんでした。隔てをつくることによって圧迫感を感じますし、また、動線の計画上からも、非常に抵抗がある設計といって過言ではありません。
　雰囲気としてはいいかもしれないけれど、通常、そういったものがなければ、すーっと行ける場所なのに、それがあることによって、つまずいたり転んだりするのではないかという心配や先入観もありました。
「果たして、お年寄りたちは、このスペースをどうやって活用していくのだろう？」
　そんなことを考えながら、設計にとりかかっていました。

Column　　　　　　　　　　　　　　　　　コラム

　現在、バリアフリー住宅も多く建てられるようになりました。そこでは、入口部分にしかドアがないところも多いのですが、古来の日本の家屋構造というのは、敷居があり、襖（ふすま）があり、障子があり、また梁（はり）や鴨居（かもい）があり、というもので、いわば視線の分節と空間スケールを小さくする手法が有効に働いていたとも考えられます。
　こうした住まいの感覚も、実は見落としてはならない要素の一つなのだと思います。

Case Study 3　　　　　　　　　　　　　　　ケース・スタディ

　リビングの近くに利用者の個人データなど、そのユニットに関するさまざまな情報を保管するための記録コーナーを設けておく必要があります。
　ユニットケアでは記録をつける作業もリビングで行うことになりますので、近くにあるほうが便利です。扉のついた戸棚一つ置けるぐらいのスペースを確保しておきましょう。

Case Study 4

ケース・スタディ

＜図面3＞のリビングを見てください。

少しわかりにくいかもしれませんが、リビングと廊下との間に何の仕切りもないこのつくりでは、入居者にだだっ広く落ち着かない感じを与えてしまいます。また、リビングAの畳コーナーは階段状になっておりスペースを有効に使っているようにも思えますが、実際に接してみると違和感を覚えてしまい、和風のしつらえなのにそうではないような、冷たい感じのするコーナーになってしまっています。

このような明らかに不自然なことが、施設をつくっていくうえでは見逃されがちです。この場合は、無理に畳コーナーを設けようとせずに、代わりにソファーを置くなどして、その場所の広さにあったレイアウトを考えていくことが大切です。

「"畳があるとよい"と本に書いてあったから、畳がなければいけない」と固く考えずに、柔軟に、楽しんでスペースを活用してみてください。

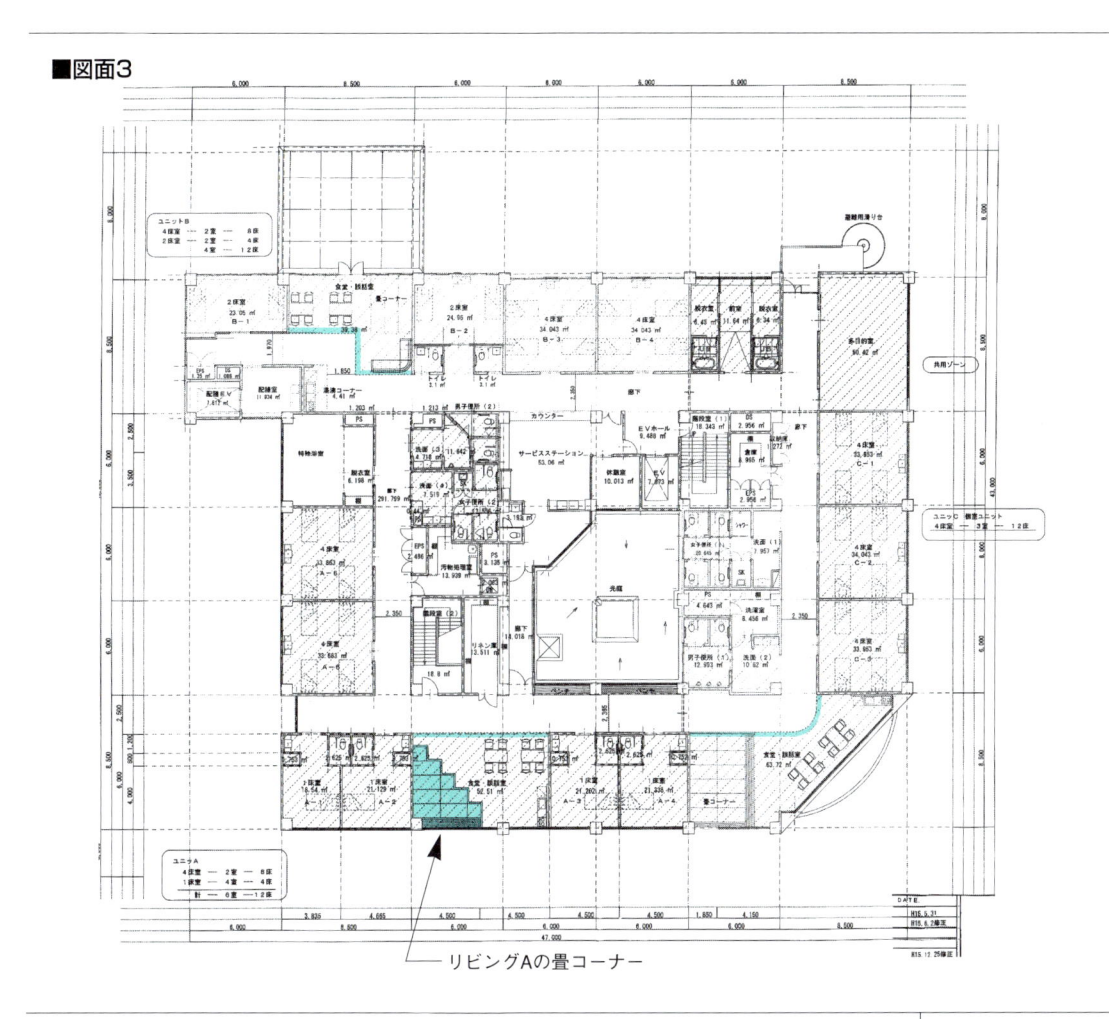

■図面3

―― リビングAの畳コーナー

課題—3　リビングをつくり込む

2　誰もが使いやすいキッチン

　キッチンをつくるうえで最も大切なことは、誰もが使いやすい場にするということです。
　では、使いやすさの視点とは、どのようなものでしょうか。
　例えば、流しとコンロと調理台があれば、それでキッチンの機能としては十分といえるでしょうか？　それでは流し台の下が調理器具でいっぱいになってしまいます。
　それでは、食器はどこに置いたらよいのでしょう？　冷蔵庫は……？　電子レンジは……？
　自分の家を建てるときには当たり前のことが、施設の設備を検討するとなると見落とされてしまうことがよくあります。一般の家庭生活で必要なことが施設の生活では必要ないということは決してありません。ユニットケアとは、それまでの家庭生活と変わらない居住環境の提供でもあるのです。

　なお、キッチンの実際の使い勝手は、私たち素人の場合、設計図からだけでは把握しきれないことがほとんどだと思います。そのために、工事が終わってから流しや調理台などの高さ、幅などに不都合を感じるといったトラブルが発生しがちです。
　そうした問題を防ぐためには、この設計の時点において、ダンボールなどを使ってモデルをつくってもらい、立体的に検討することをおすすめします。これは、キッチンに限らず、トイレや風呂場など、身体の動きの多いスペースではすべて試みることが理想ですが、時間や予算の関係でできないことが多いでしょう。しかし、この作業が結果としては予算の節約につながりますので、可能な範囲で行ってみるように努めてみてください。

Case Study 5

ケース・スタディ

＜図面3＞の三つのリビングを見てください。

すべてのキッチンがリビングの隅の壁際に設置されています。これではとても誰もが参加しやすい環境にあるとは思えません。

どのリビングでも、調理する人は壁と向き合って作業をせざるを得ませんから、食卓のほうに目が向きませんし、反対に、食卓にいる入居者からもキッチンが見えない配置になっているため、お互いの表情や仕草などがまったくわからず、コミュニケーションもとりづらくなってしまいます。

では、調理をしている相手の顔が見えていたらどうでしょうか。

楽しそうに調理をしている人が見えたら、「私もやってみようかな」「手伝ってあげようかしら」などと自然に体が動き始めるかもしれません。

ユニットケアでは、そのような環境づくりが大切なのです。

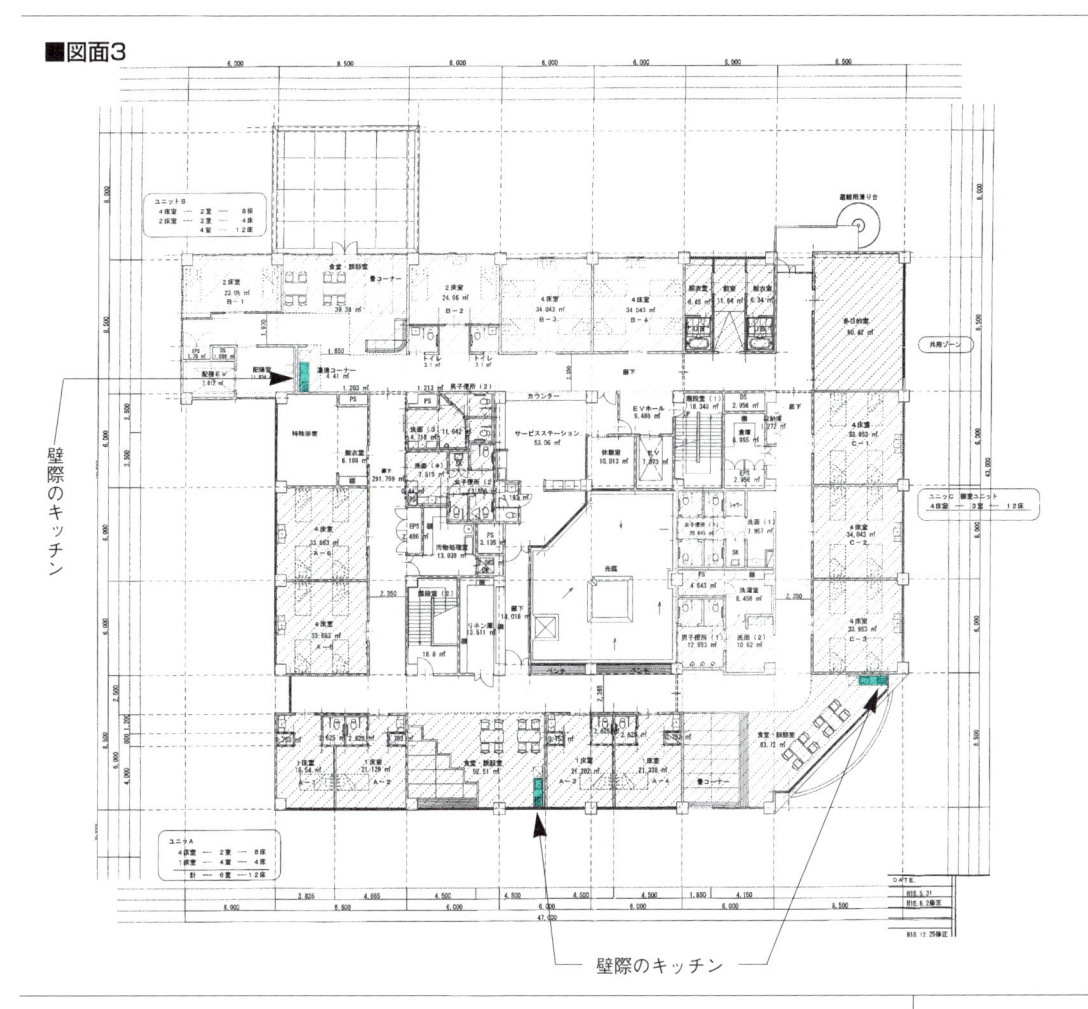

■図面3

壁際のキッチン

壁際のキッチン

課題―3　リビングをつくり込む

[検討前 ▶ 検討後]

　＜図面4＞のキッチンに注目すると、流しや調理台が食卓のほうを向き、お互いの顔が見える配置になりました。それに伴って食器棚なども無理のない配置に改善され、使い勝手のよいキッチンに生まれ変わったといえるでしょう。

　リビングAの畳コーナーはなくして、そこにソファーを置いて談話コーナーを設けるとともに、食堂へテーブルといすをもう1セット入れることにしました。

　さらに、リビングBについても同じく畳コーナーはなくしてしまい、こちらにもテーブルといすをもう1セット入れてみました。これならば無理なくスペースを活用できますし、見た目もすっきりしてまとまった感じになります。

　また、先に述べた広すぎる空間を解消するために、廊下との間にいくつかの仕切りを設けてみました。こうするだけで、リビングには落ち着きと居心地のよさが生まれます。

　ただし、仕切りを設けることで視界を遮ったり、空気の流れを遮断したりすると、逆に開放感が損なわれると同時に、圧迫感を与えてしまいます。

　そうした感覚を与えないためには、例えば壁の真ん中に穴を開けたり、格子状の間仕切りを使ったり、向

■図面3（検討前）

こう側が見通せるような空気穴を開けるといった方法が考えられます。また、棚などを置くことも有効でしょう。

　あくまでも大切なのは、広すぎず、狭すぎず、落ち着くことのできる空間にすることです。設計段階の試行錯誤は、決して無駄な作業とはなりません。理想へのいちばんの近道だったりもします。

▲流しや調理台が食卓のほうを向いたつくりにすることが大切

▲廊下との間に開放感を損なわない形の仕切りを設置

■図面4（検討後）

談話コーナー

課題—4
トイレについて考える

トイレは各居室に設けることが望ましいといえます。しかし、設計上、また予算上これが困難な場合には、居室に隣接して十分な数を設けられれば、ある程度の問題は解決できると思います。

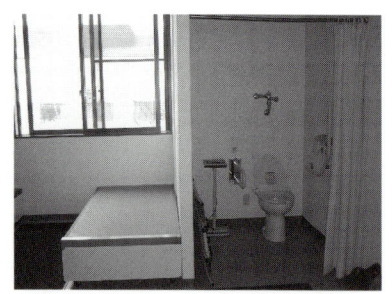

▲カーテンの仕切りでは、やはり落ち着かないもの

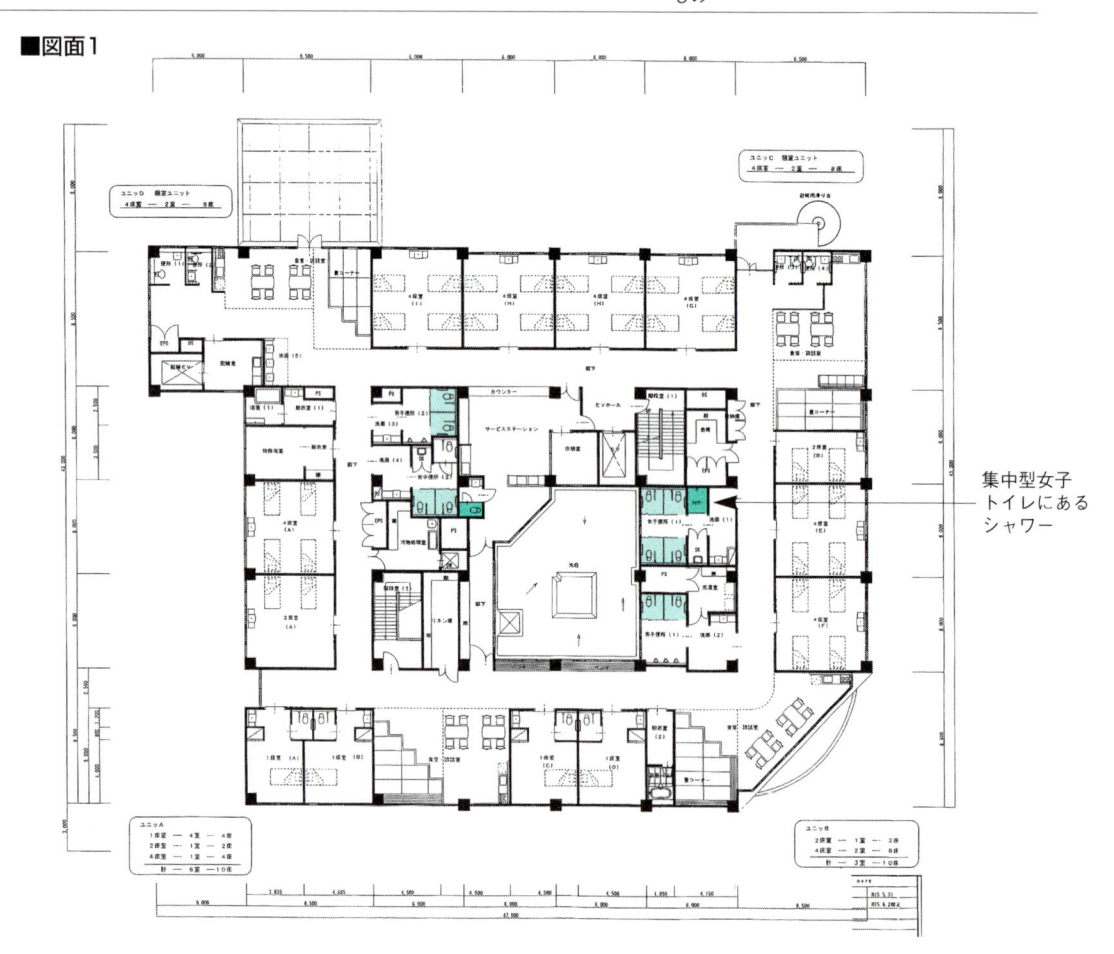

■図面1

集中型女子トイレにあるシャワー

Case Study 6　　　　　　　　　　　　　　　　　　　　ケース・スタディ

　既存の施設を改修する場合、<図面1>のようにもともと集中トイレである場合が多く、それを分散型に変えていくのは予算との兼ね合いでかなりの負担になってしまいます。どうしても難しい場合はあきらめるしかないでしょう。
　無理して中途半端なものをつくるより、むしろその分、他のスペースに手をかけていくほうが、施設全体を見たときによりよい居住環境に仕上がるはずです。

Case Study 7　　　　　　　　　　　　　　　　　　　　ケース・スタディ

　<図面1>を見てください。ここも例にもれず各トイレにドアはついていません。カーテンで仕切られています。
　考えてみてください、あなただったらカーテン一枚で仕切られたトイレで、落ち着いて用が足せますか？
　サービスステーションの中にあるトイレにだけは、ドアがついています。これがその答えではないでしょうか。
　トイレをいかに落ち着ける空間にするか。それを考えれば、仕切りはカーテンではなく自然と扉（ドア）となるはずです。そうすることで、においの問題の解決にもつながります。
　また、トイレの広さを十分にとることも忘れないでください。図面右側の集中型女子トイレにみられるシャワーのように、既存のものには余分なスペースが併設されていることがあります。それらをなくしたり、トイレそのものの数を減らしたりすることで広さを確保していくとよいでしょう。
　トイレにおいても車いすで動きやすいつくりにすることを、常に念頭に置いてください。

［検討前 ▶ 検討後］

　最終的にこの施設では、既存の集中トイレはそのままにせざるを得ませんでした。
　しかし、＜図面5＞にみられるようにすべてのトイレにドアをつけ、なおかつ十分な広さも確保できましたので、最初と比べて格段に機能的になり、十分に合格点をつけられるトイレになったといえます。

▲すべてのトイレにドアを設置

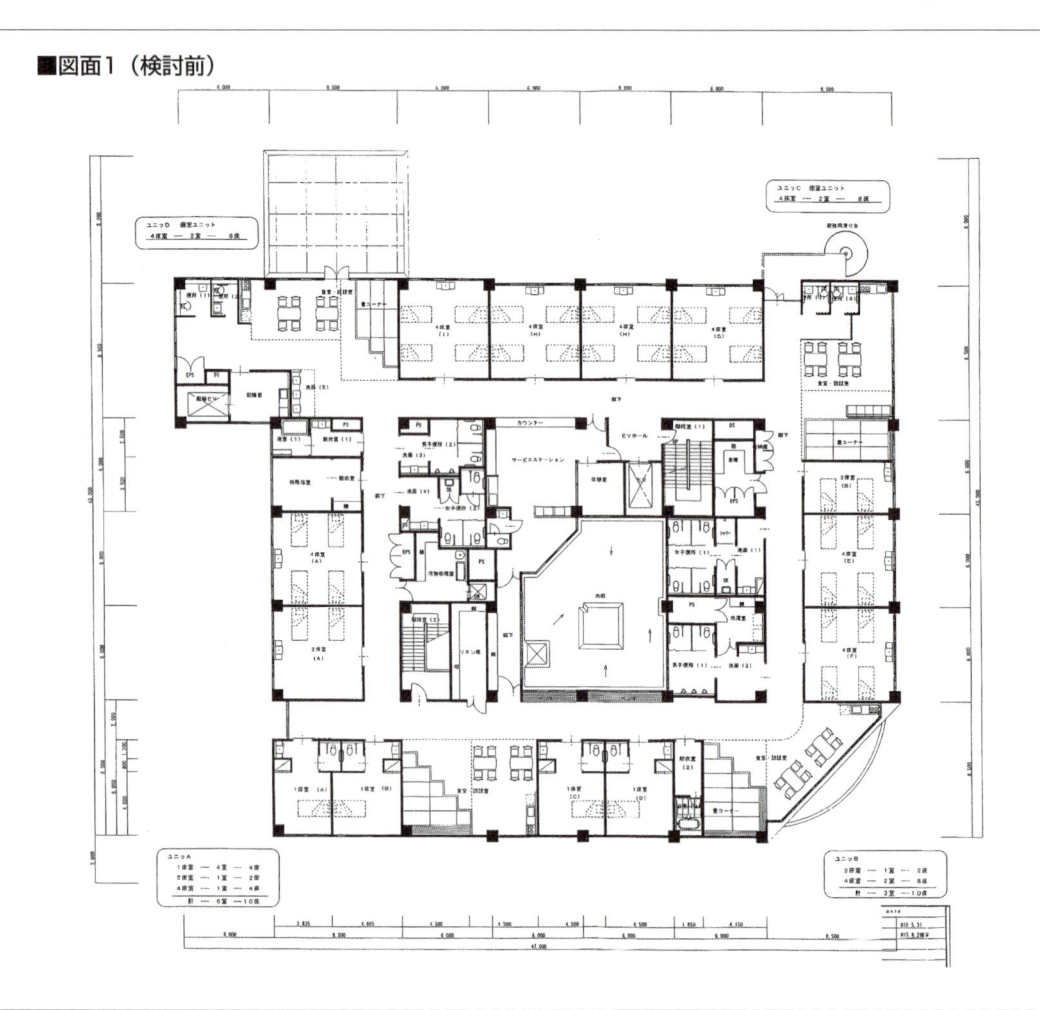

■図面1（検討前）

▲引き戸のタイプであれば車いすでの出入りも容易

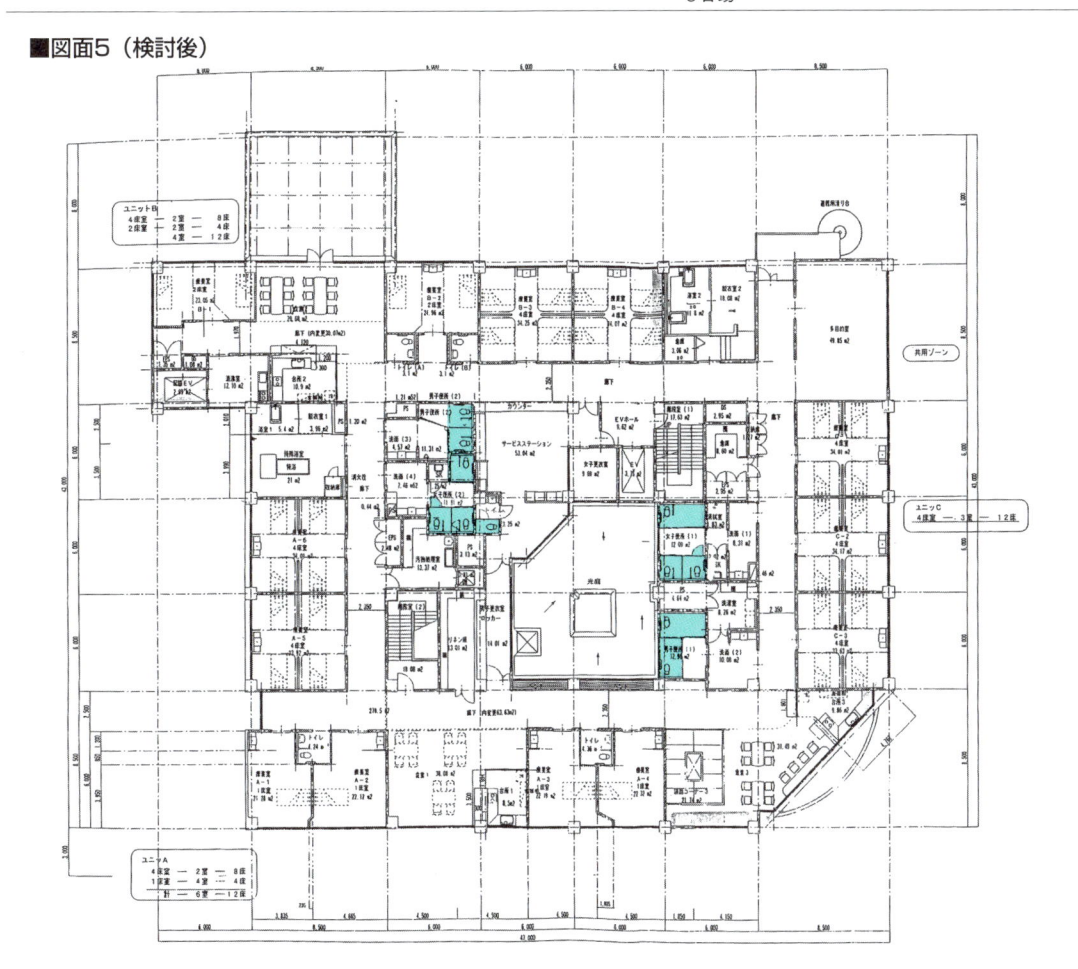

■図面5（検討後）

課題—4　トイレについて考える

課題—5
風呂場について考える

　風呂場は、各ユニットごとに個人浴槽を一つの割合で設置するのが理想的です。

　新設する場合は、各フロアに1か所程度、どうしても個浴に入れない人のために機械浴をつくっておき、あとは浴室をユニットごとに一つずつ設けておけばよいでしょう。

　一方、既存の建物を改修する場合は、もともと大浴場しかない施設が多く、新しく風呂場を増やすとなると水漏れなどの恐れから設置が難しいことが多々あります。

　では、この施設ではそれらの問題をどう解決していったのでしょうか。

　事例から考えてみましょう。

VIEW POINT　　　　　　　　　　　　　　　　　　　　　設計士の視点

　建築的に考えると、新築の場合は床を掘り下げる形の埋込み式浴槽を設置することは可能ですが、既存の建物を改修するにあたっては、構造上、それは非常に難しいといわざるを得ません。

　既存のフロアに浴室を新たにつくるとなると、防水工事を施して、もう一つコンクリートを打ち、そこに浴槽を入れる形になりますから、およそ20〜30cmくらいはコンクリートを打ち直すこととなってしまいます。また、基本的に必要以上の荷重をのせることも困難です。

Case Study 8

＜図面3＞をみると、浴室は3か所あります。

特殊浴室は以前の大浴場を改修したもので、あとの二つが居室をつぶしたところにユニットバスを設置した形です。

このユニットバスというのは、水が外に流れず、水漏れ対策に特別な手間がかからないということで提案されたものです。しかし、そうしたメリットの反面、ユニットバスそのものの値段は高く、雰囲気もよくないため、あまりよい選択とはいえません。

また、すべての浴室にいえることですが、浴槽のまわりにスペースがなさすぎます。これでは介助がしづらくなってしまいます。浴槽のまわり三方向には、人が入れるぐらいの広さを確保しておきましょう。

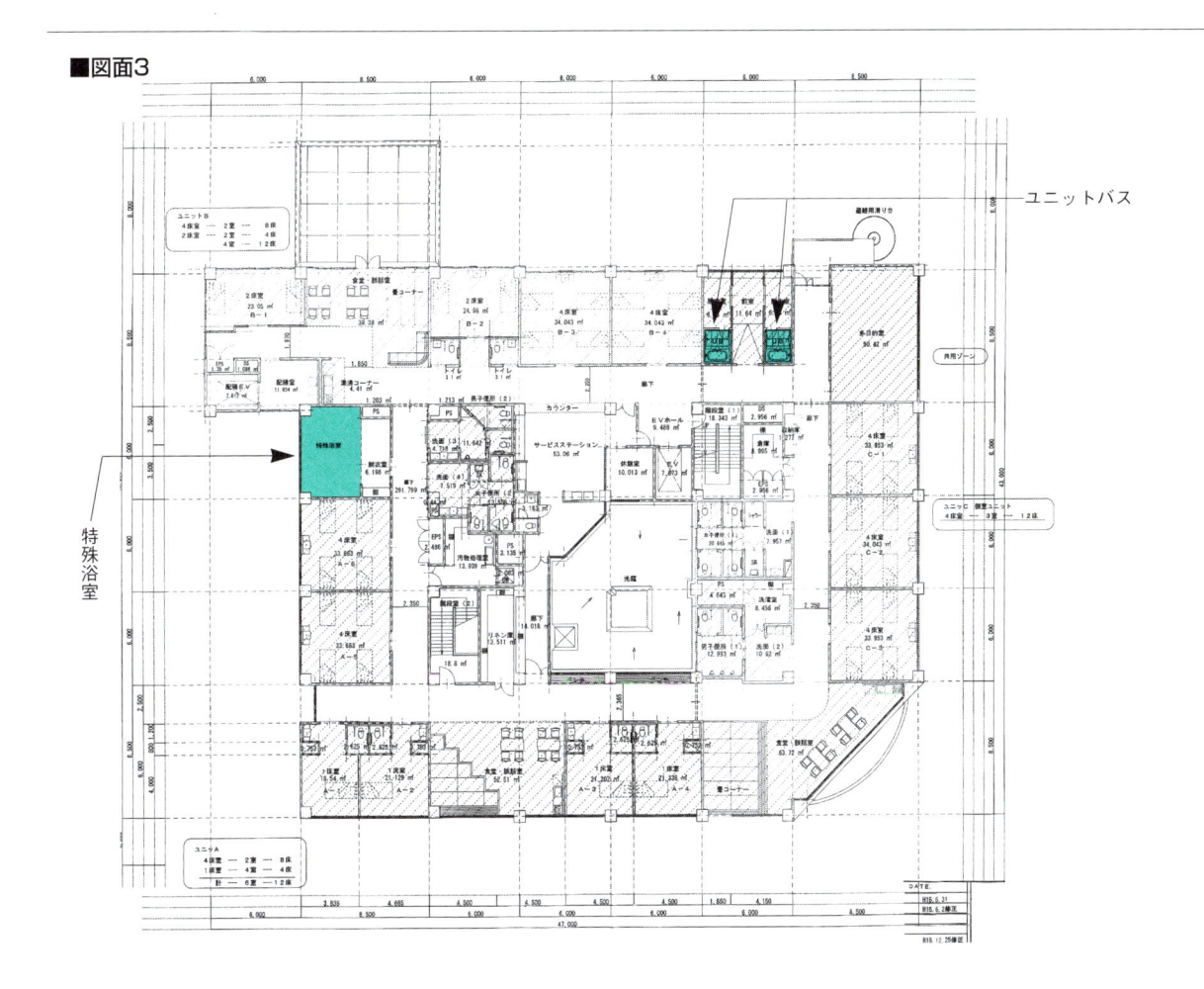

■図面3

課題—5 風呂場について考える

[検討前 ▶ 検討後]

＜図面5＞をみてください。先に挙げた問題点がすべて改善されていることがわかります。

すべての浴槽の三辺にスペースがありますし、＜図面3＞ではユニットバスを設置していた浴室もつくりつけの浴槽にすることができました。

それによって水漏れ対策が必要となり、結果として風呂場の床が高くなりましたが、入口から脱衣室までの段差は階段で補うのではなく、スロープ状の通路をつくって、車いすの方でも使いやすいつくりとしました。

また、個浴での入浴が難しい方を想定して、機械浴も1か所設けてあります。これならば、すべての入居者に満足のいく入浴が提供できるというものです。

▲廊下から脱衣室までの段差はスロープ設置で解消

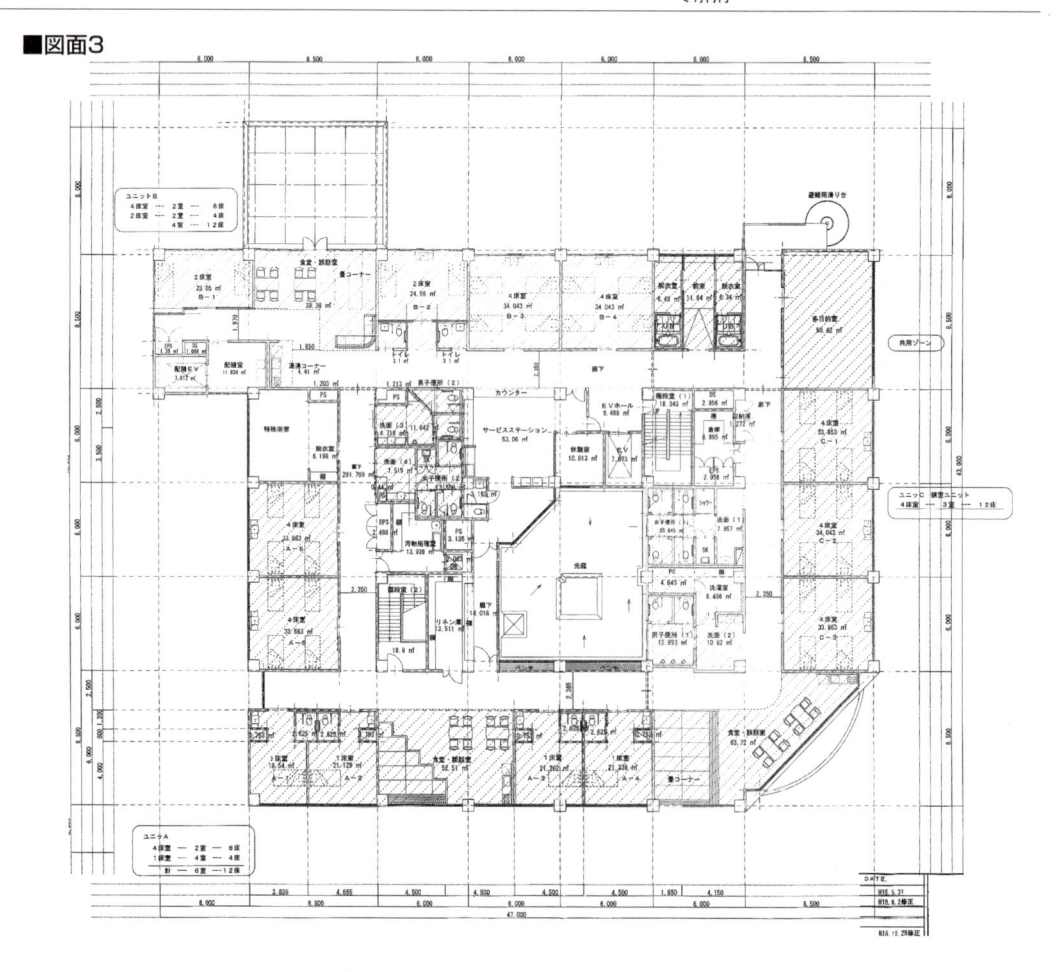

■図面3

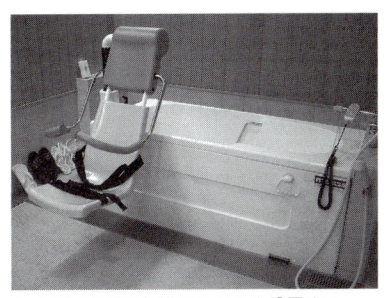

▲必要に応じて個浴にリフトを設置する

▲三方向いずれからでも浴槽に入ることが可能

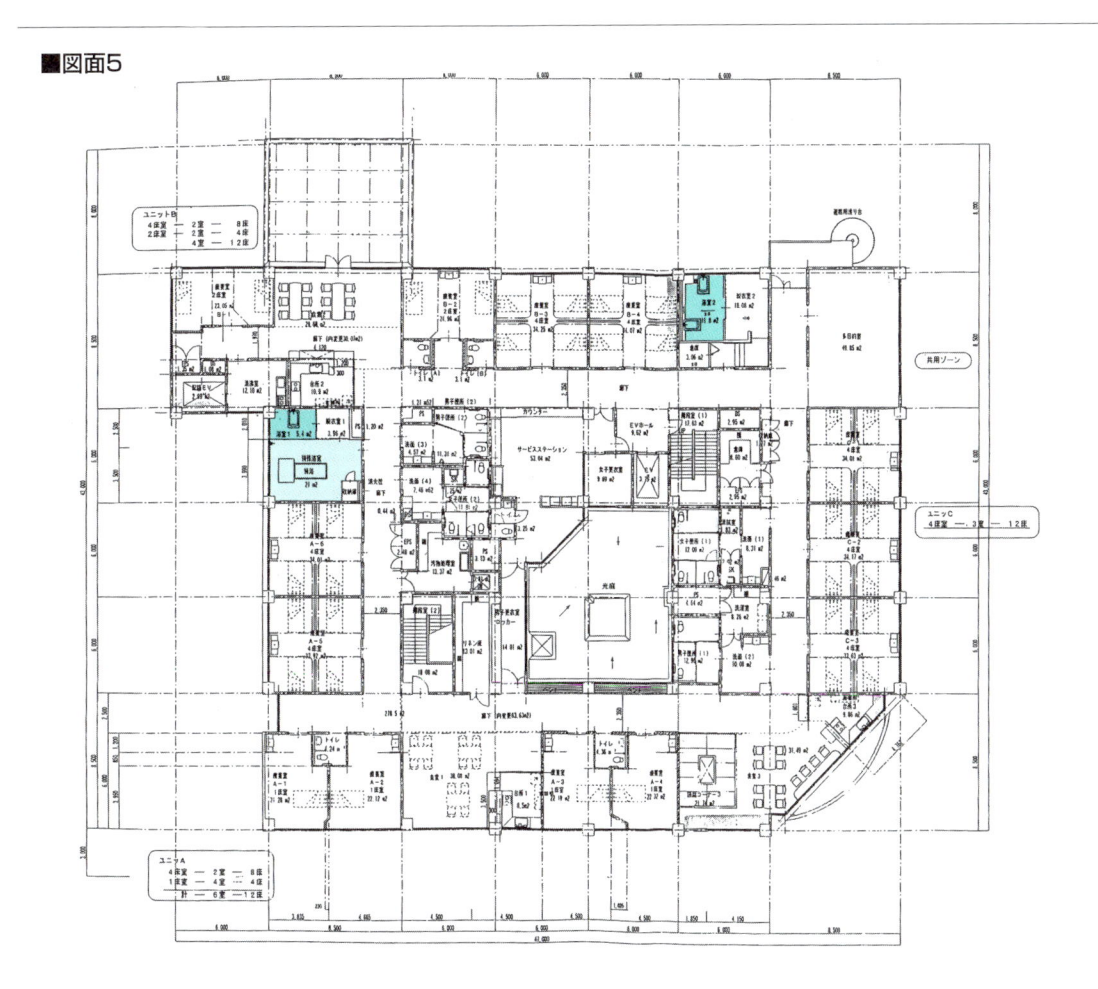

■図面5

課題—5　風呂場について考える

課題—6 新たな視点でスペースを理論化する

1　介護職員室

　従来の施設では、「ワーカー室」「寮母室」「サービスステーション」などのさまざまな呼び方で、いわゆる介護職員専用のスペースが設けられていました。介護職員にとってここはどのような場所だったかといえば、記録を書くところであったり、ナースコールを受け付けるところであったりしたところです。

　ユニットケアの導入により、介護職員室の位置づけは大きく変わりました。実際に構造設備基準においても必置の設備ではなくなり、これを設けるかどうかは施設の裁量にゆだねられています。

　というのも、ユニットケアが導入されれば、介護職員は入居者のそばで過ごすことが基本となりますから、必然的に介護職員室で作業を行うことが少なくなるのです。記録を例にとって考えた場合、ユニットケアの導入後はリビングで記録を書くことが一般的になります。それに伴って、ユニット内に各種記録の保管をするスペースは必要ですが、必ずしも独立した部屋である必要はないのです。

　ある施設では、情報の共有化を目的として、新型特養を開設する際に介護職員室を設置していました。この事例についていえば、従来の介護職員室がそうした役割や機能を担わなければならないのかと考えてしまいます。つまり、情報の共有化を図りたいのであれば、のちほど〔ポイント4〕で詳しく解説する掲示板の利用や印刷物の配布など、ほかにも手段はあるはずです。また、カンファレンスやミーティングなどを開催するのであれば、会議室を利用したほうが効果的でしょう。

　別の施設では、介護職員室にあった水回りを活用して、そこをリビングにつくり替えたりしています。このように、面積的に余裕のない改修の場合には、介護職員室の転用を選択肢として検討するのも一つの方法となります。

　いずれにしても、サービスを提供する側の視点から離れたうえで、改めて介護職員室というスペースの機能と役割を整理する必要があります。

　なお、職員が休憩するためのスペースについては、それぞれの施設の勤務体制等を勘案して、別途その必要性を検討してください。

▶従来の介護職員室がどんな役割を果たしていたか、見直すことが大切

2　汚物処理室

　汚物処理室の取り扱いについては、さまざまな意見があります。

　各居室にトイレを設置するかどうかにも関連しますが、職員の動線が非効率にならないようにすることがポイントです。

　また、汚物をずっと置きっぱなしにすることなく、さらには汚物を入居者の目に過度にふれない方法で適切に施設外へと処理するかも重要なポイントになります。つまり、新型の汚物処理室の考え方は、汚物を入れるほうと出すほう、それぞれの方向を変えるという点に立脚しており、汚物を出す際にはできるだけユニットを通らなくてもすむような構造が望ましいといえます。

　最も理想的なのは、ユニットごともしくは隣接するユニットごとに汚物処理室を設けるのと同時に、そこでの業務は洗濯室や浴室との関連性が強いことから、これらの諸室とも隣接して設けるというものです。しかし、改修型のユニットケア導入の場合、水回りの整備も含めて考えることは非常に困難といえるでしょう。

　このスペースは臭気の発生源ともなりかねませんので、「入居者の居場所をどのように確保するか」という居住環境面の基本に立ち返り、このスペースのあり方を検討してください。

3　洗濯室

　従来の高齢者福祉施設では、集中洗濯室で入居者全員分の洗濯を行ったほうが効率的か、もしくは外注したほうが効率的かという議論がなされていました。それに加えて最近では、ユニットのなかに洗濯室を置き、そこで洗濯をしていこうという話が出始めています。ある意味で、ユニットケアの成熟度を表しているといえるでしょう。

　洗濯物は、おもに次の三つのカテゴリーに分類することができます。

> ①入居者の衣類やタオル、ユニットごとに利用するタオルやふきん
> ②シーツ、布団カバーなどのリネン類
> ③おむつカバー、汚物のついた衣類や肌着

　これらのうち①については、入居者が関わること(干す、たたむなど)ができると望ましいと考えられますが、そのためには、ユニットごともしくは隣接するユニットごとに洗濯室が必要となります。ただし、①と③が混合しないように分けて洗濯するなど、清潔管理には十分に注意しなければなりません。

　確かに考えてみると、施設における洗濯物の多くは入居者の衣類等です。例えば10人のユニットの場合、毎日お風呂に入るのは4～5人程度ですから、家庭の洗濯物の量と比べてもそれほど大差はありません。今はボタン一つで洗濯から乾燥までこなす機械がありますし、ユニットごとに行えば洗濯物の取り違えがなくなるというメリットもあります。

　しかし、管理者側からすると、「介護職員にそこまで仕事をさせてよいのか」という考えが根強くあります。つまり、管理者側が心配しているのは労働力と労務管理の問題です。

　なお、②については外部委託の有無によって考え方が異なります。つまり、洗濯を外部委託とする場合は従来のような大きな洗濯室は必要ありませんが、内部で行う場合は、施設内に洗濯室を設けることになります。

　いずれにしても、洗濯室に関する議論は緒についたばかりで、それほど深まってはいません。これからの検討課題の一つです。

〔ポイント2〕でのチェック項目

⬇設計の準備にとりかかる

- ☐ 1 建物の設計を外部の業者に丸投げすることなく、設計段階から関わる施設内部の職員の体制を整えたか。
- ☐ 2 入居者の暮らしを理解し具体的なケアを提案できる介護職員が、設計段階に参加できたか。
- ☐ 3 どの設計事務所や建設施工業者に発注するかについて検討したか。
- ☐ 4 設計・施工業者に対して、どんな施設をつくりたいか、明確に伝えたか。
- ☐ 5 設計・施工業者に対して、予算を提示しながら協議を進めたか。
- ☐ 6 ケアとハードの双方向によるシミュレーションを試みたか。
- ☐ 7 設計・施工業者から専門的見地に基づく助言を求めたか。
- ☐ 8 必要に応じて設計・施工業者とともに他施設を見学するなど、ユニットケアをめぐる意識の共有に努めたか。

⬇入居者の居場所を確保する

- ☐ 9 ユニットケアにおける個室の必要性を理解できたか。
- ☐ 10 個室に求められる三要素について理解できたか。
- ☐ 11 狭い居室を数多く設置することなく、十分な広さを確保した居室としたか。
- ☐ 12 個室と準個室との違いを理解できたか。
- ☐ 13 個室的多床室のメリットとデメリットについて検討したか。
- ☐ 14 個室的多床室のような限られた空間のなかで、どんなケアを展開するかシミュレーションを行ったか。
- ☐ 15 居室を個室化できない場合、居住性を高めるための工夫を検討し、試みたか。
- ☐ 16 新設の施設の場合、暮らし・ケア・ハードの三要素に基づき、ユニット数を検討したか。
- ☐ 17 改修型の施設の場合、それぞれの空間がもつメリットとデメリットを想定したうえでユニット数を検討したか。
- ☐ 18 リビングの役割と機能性を踏まえたうえで居室の配置を検討したか。

⬇リビングをつくり込む

- ☐ 19 リビングが広すぎる空間になっていないか。
- ☐ 20 廊下との間に仕切りを設けるなど、リビングが落ち着いて、くつろげる空間になっているか。

- ☐ 21 不自然な形でリビングに畳コーナーなどを設けていないか。
- ☐ 22 入居者の個人データなど、ユニットに関するさまざまな情報を記録し、保管できるコーナーがリビングに設けられているか。
- ☐ 23 誰もが使いやすいキッチンになっているか。
- ☐ 24 食卓にいる入居者からキッチンが見えづらい配置になっていないか。
- ☐ 25 キッチンに食器棚や調理器具を置くスペースが確保されているか。
- ☐ 26 必要に応じて、キッチンのモデルをつくるなどして、立体的にできあがりを検証したか。

⬇トイレについて考える

- ☐ 27 仕切りは扉になっているか。
- ☐ 28 車いすでも十分動きやすい広さのトイレが確保されているか。

⬇風呂場について考える

- ☐ 29 新設の施設の場合、個浴が各ユニットに一つずつ、もしくは隣接するユニットごとに設けてあるか。
- ☐ 30 新設の施設の場合、個浴に入れない人のために、機械浴が施設全体で一つ、ないしは建物の構造によっては各フロアに一つずつ設けてあるか。
- ☐ 31 浴槽のまわりに三方向から介助できる十分なスペースがあるか。
- ☐ 32 浴槽までの間に車いすの方が困るような段差はないか。

⬇新たな視点でスペースを理論化する

- ☐ 33 介護職員室の機能と役割を検討したか。
- ☐ 34 汚物処理室の機能と役割を検討したか。
- ☐ 35 新設の施設の場合、ユニットごともしくは隣接するユニットごとに汚物処理室を設けたか。
- ☐ 36 洗濯物の種類を整理したうえで、洗濯室の機能と役割を検討したか。

ポイント3
工事前の準備と工事中の進行管理

　設計の方針が固まり、それが具体的に図面のなかに落とし込まれれば、それをもとにいよいよ工事が始まります。
　また、建物の工事と同時進行で、内装の決定、家具の選定、備品のリストアップ、パンフレットの作成、入居者説明会の開催、職員研修の実施等々‥‥‥、ユニットケアの導入に向けたさまざまな準備が行われることになりますが、これらの仕事を担い、舵取り役としての任務を果たしていくのが、「準備室」と呼ばれる部門になります。
　〔ポイント3〕では、この準備室の機能と役割を中心に据えながら、施設全体が一つの組織として、ユニットケアの導入に向けてどんな取り組みをしていくことになるのかを考えます。

段階—1
改修・開設準備室を立ち上げる

1　準備室を設置する意義

　改修型の施設の場合、そこで働く職員には二つの財産があります。
　一つは、それまで働いてきた場所、つまり建物であり、もう一つはそこでの実践の蓄積です。ユニットケアの導入に際しては、決してこれらの全否定から始まるわけではありません。結論をいえば、既存の建物や介護実践からの発想の転換が求められることになるのです。
　ただし、この発想の転換は一朝一夕にできるものではありません。その意味では、改修に向けた設計や建築の側面でも、介護のやり方に関しても、専門の職員がユニットケアの導入に向けて準備段階から集中的に関わる必要性があるといえます。
　つまり、この準備室は、ユニットケアの導入に向けて実際に動き出すための実働部隊となる存在なのです。
　準備室の仕事は非常に多様です。

> ○工程会議の開催
> ○内装の決定
> ○家具の選定
> ○備品リストの作成
> ○施設内外への情報伝達
> ○パンフレットの作成
> ○入居者説明会の開催
> ○職員採用への関与
> ○研修の実施

　これらは準備室のおもだった仕事でしかありませんが、ここからもわかるように、ハード（建築面）、ソフト（直接的な介護）、システム（施設運営）のつくり込みといった施設内部の仕事だけでなく、外部との窓口としての役目も果たすことになります。このような仕事を円滑に行うためには、専任の職員を配置して、専用のデスクや電話、パソコンなどを備え、きちんと独立した部署として組織内に位置づける必要があるといえるでしょう。
　舵取り役がしっかりしていれば、船は間違った方向には進みません。ここで手を抜かずにしっかりとした環境を整えておくことが、ユニットケアの導入に向けたいちばんの近道になると思います。

2 職員の配置

施設内の運営管理、介護実践や事務作業など、本来業務を抱えながら準備室の仕事をこなすというのは、物理的に難しいと言わざるを得ません。そこで、準備室を設置して職員を配置する場合には、その職員は専任の扱いにする必要があります。

人員的にはあくまでスリム化を図り、1人ないし2人。そこに必要に応じて補助要員を配置するほうが、長い目で見れば効果的です。

専任の職員には、将来、介護長などの管理職の立場になる素養のある人を選ぶことが理想的です。どうしても専任で決められない場合には、各セクションから代表者を選出し、そのメンバーでシフトを組むという体制も考えられます。

また、必要に応じてアドバイザーに携わってもらい、月1回程度の頻度で指導を仰ぐという体制を組んでもよいでしょう。というのも、今後の展開は準備室の旗の振り方にかかっているといっても過言ではありません。施設内にユニットケアの本質を理解し、なおかつ旗振り役が担える人材がいれば問題ありませんが、少し不安であれば、担当の職員に加えてアドバイザーに関与してもらうことをおすすめします。さらに、施設内部の職員が"井の中の蛙"にならないための仕掛けとしてアドバイザーに関わってもらい、施設外部の視点から客観的に指導や助言を受けるというのも、アドバイザー導入のメリットの一つといえるでしょう。

では、どのような人にアドバイザーとして関わってもらえばよいのでしょうか。

理想的なのは、過去に他施設で準備室を立ち上げて仕事をした経験のある人です。ただし、いわゆる"コンサル"と呼ばれるアドバイザーを職業とする人については慎重に選んでください。従来型の老人ホームの時代から経営コンサルタントとして関わってきた人たちのなかには、十分にユニットケアを理解していない人もいるからです。

介護のあり方はもちろん、建物や職員配置・勤務体制などが相互にからみ合って初めてユニットケアは展開されますから、アドバイザーに携わってもらうのならば、これらを一連のものとして理解している人に依頼するようにしてください。

3 なぜ準備室が立ち上げられないのか

施設によって準備室の立ち上げ方や担当職員の選び方は違ってよいのであり、柔軟性をもって取り組むことのできる準備室なのですが、それでもやはり、現実的に準備室が立ち上げられないという施設も多くあります。

その大きな原因の一つは、責任者である施設長の意識にあると考えられます。

ここでいう「意識」とはユニットケアに対する意識であり、また、施設の運営や経営といった意識でもあります。この部分をどうとらえるかによって準備室を立ち上げるか否かも決まってくることでしょう。

ユニットケアの導入には、既存の建物や介護実践からの発想の転換が求められると述べましたが、実はもっと根本的な転換が責任者レベルには求められています。準備室を立ち上げることは、それだけの効果があるということを認識する必要があります。そのような経営的判断が求められる時代になったということができるでしょう。

段階—2
準備委員会を組織する

1　意義・役割と構成メンバー

　ユニットケアの導入にあたっては、準備室とは別に「準備委員会」を組織し、立ち上げるという考え方があります。

　【段階1】でも解説したように、準備室というのは事務局機能を有します。つまり、具体的な準備作業に伴う調査、検討、帳票類の作成と同時に、理事会(もしくは経営会議)への提案を行います。組織系統として、この提案事項に対する決定を行うのは理事会(もしくは経営会議)ですが、その決定事項に関する同意や意見の集約を現場サイドから行うのが準備委員会です。

　既存の施設がユニットケアを導入する場合、「一部の人たちが勝手に決めていく」という雰囲気をつくるのが何より問題になります。そこで、組織内の正式な決定事項や工事の進捗状況、また施設内外における勉強会や研修会のお知らせなど、ユニットケアの導入に向けたさまざまな情報が、この準備委員会をとおしてすべての職員に行き渡るような仕組みをつくるようにするのです。

　と同時に、準備委員会に寄せられた現場職員の意見や反応は、委員会が集約したうえで準備室へとつなげ、それを踏まえて準備室が調査・検討を行っていけば、間接的にではありますが、現場職員の声が組織内の決定機関である理事会(もしくは経営会議)に届くこととなります。

　また、組織構成の観点からとらえると、この準備委員会は、施設内における委員会制度のなかの一つと位置づけられるべきものです。多くの施設では、運営委員会、広報委員会、ケアプラン委員会、リスクマネジメント委員会など、役員や職員により構成される委員会組織を立ち上げていると思いますが、準備委員会もそうした各種委員会の一つとして構成されるものと考えてください。

　したがって、準備委員会は施設内部の職員によって組織されることになります。もう少し具体的にいうと、準備委員会のメンバーは各セクションから選出された代表者です。おもに当該セクションで何らかの役職に就いている人、もしくは役職に就いている次世代の人などにより構成されます。【段階1】で述べたように、準備室のメンバーにはアドバイザー等の外部スタッフが加わる可能性もありますが、この点も、準備委員会と準備室との相違点といえるでしょう。

　いずれにしても、これら準備室と準備委員会という二つの体制が組織内に整うことは効果的であり、理想的であるといえます。

Column

　図3でも示したこの組織ラインのモデルは、ユニットケアの導入時にのみ活用するものではありません。実際にユニットケアが展開され始めて以降も、応用できるモデルといえます。
　例えば、自分が担当しているケースで何か問題が生じたときにこの組織ラインを応用すれば、個人で対応できるもの、ユニットで検討し対応するもの、フロアで検討し対応するもの、施設として検討し対応するもの、というように整理することができるのです。

◎図3：「決定」に至る組織ライン

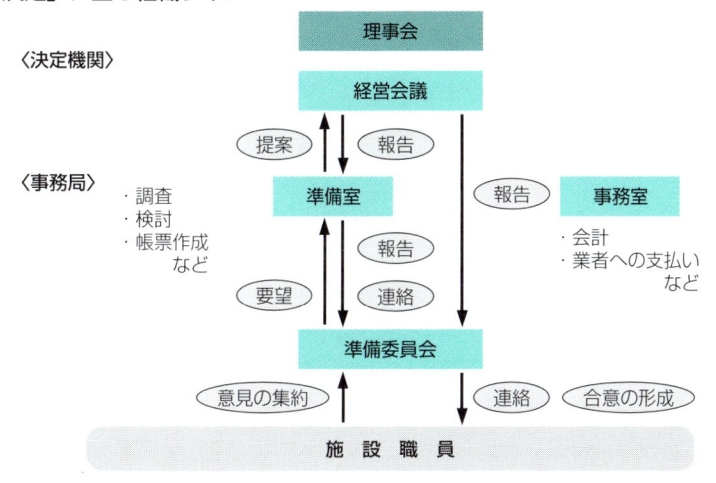

〈決定機関〉　理事会 — 経営会議
〈事務局〉　準備室（調査・検討・帳票作成など）／事務室（会計・業者への支払いなど）
準備委員会
施設職員

2　開催の周期と頻度

　準備委員会は月に1回の開催を基本とし、どうしても検討する事項が生じた場合には2回開催すればよいと思います。この委員会のメンバーは現場で介護や看護といった仕事をしているなかから時間を割いて出席することになりますから、無理のない範囲で開催することが大前提です。
　1回あたりの開催時間を30分程度にして週1回集まれば、1か月あたりの開催頻度を高めることができるという考え方もありますが、この委員会はメンバーの顔合わせが目的なのではなく、また開催頻度を問うわけでもありません。1回30分という時間では議論も深まりませんから、きちんとテーマを設け、そのテーマに沿って1～2時間程度の時間をかけて集まることが大切です。
　そのためには、「毎月第○週の○曜日」というように開催日を固定することが効果的です。何度も繰り返しますが、参加メンバーは日常業務を抱えていますので、その時になって各自の都合を合わせていたのでは開催日を決めるだけで必要以上の労力を費やすことにもなりかねません。また、不定期な開催によってユニットケア導入に向けた現場レベルの意識が薄らいでしまうことも予想されます。つまり、委員会自体、いつの間にかうやむやになってしまう恐れもあるのです。
　ただし、突発的に何かが起こって委員会に出席できないケースも出てくるかもしれませんから、その意味では、若干の柔軟性をもたせてもよいと思います。

段階—3 工程会議を開く

　私たち素人が設計図一枚から建物の出来上がりを完全な形でイメージするのは至難の業です。不可能といってもよいでしょう。設計図の段階から注意をしながら打合せを重ねていたにもかかわらず、実際に建ってみるとイメージと違っていたというケースも、決して少なくはないようです。

　工程会議とは、こうした"後の祭り"を未然に防ぐための方策の一つです。そして、準備室の職員はこの行程会議に参加し、工事の進み具合を常に見守るとともに、トラブルや検討事項が発生したときには即時に対応しなければなりません。

　その意味でも工程会議に意味をもたせるためには、そのハード（居住環境）でどのようなケアが展開されるのかを常にイメージしながら、準備室の職員はさまざまな提案を行っていくことが求められます。

1　会議の参加者

　基本的に従来の工程会議というものは、施工者が主催して行われていました。確かに、設計図をもとに使用する材質等を選び、実際に工事が進行していく工程においては、施行者が中心となる要素は大きいかと思います。

　しかし、そこで生活をしていくのは入居者本人であり、施設側からの参加者というのはその入居者の代弁者たるべき存在でなければなりません。その意味では、どちらかが主で、どちらかが従にある関係ではなく、入居者の生活を支えるために、施設側と施工者側の双方がそれぞれの役割を尊重しながら会議を運営していくことが理想的です。

　では、具体的に施設側からはだれが工程会議に参加することになるのでしょうか。

　準備室が立ち上がっている施設であれば、原則として準備室の職員が参加します。そして会議の内容は理事会（もしくは経営会議）へも報告されます。ただし、会議の議題によっては施設長や事務長にも参加してもらい、その場で判断を仰ぐというケースも考えられます。その意味では、準備室にはマネジメント能力が求められるといえるでしょう。

　他方、準備室が設置されていない施設においては、施設長や事務長が参加することになります。また、組織の成熟度や、施設長が準備室にどの程度の権限を与えているかによっても、施設側の参加メンバーは変わってくるでしょう。

VIEW POINT　　　　　　　　　　　　　　設 計 士 の 視 点

　私たち設計士が施設側と打ち合わせるとなると、これまでは理事長や施設長といったトップの方たちとのやりとりがほとんどでした。そうすると、介護の考え方はあまり聞こえてこない。だから結果として、間違った認識かもしれませんが、私たちがもっている経験と知識とをベースにして話を進めていくしかないのです。

　その意味では、施設のスタッフとコミュニケーションを図りながら設計の話を詰めていくという作業自体、私にとってもよい経験となりました。

　私たちの立場としては、施設の意向に沿って設計作業を行うことになるのですが、建物をつくったうえでそれをどう利用するかというのは施設側で考えていただかなければならない。その意味で、工程会議の参加者から私たちの提案に対していろいろな意見が出され、それに合わせて設計図をつくり替える作業は、私たち設計士にとっても有意義なものとなりました。

2 会議の内容と進行のポイント

　工程会議は多くの場合、週1回のペースで開催されます。週1回のペースというのは思いの外大変に感じるかもしれません。
　そしてその会議では、おもに次のような事柄が検討され、話し合われます。

○（2回目以降は）前回の議事録の確認
○工事に関する現況報告および作業工程の説明
○発注者（施設側）からの指示・伝達事項
○設計事務所からの指示・伝達事項
○次回会議の日時確認

　特に「現況報告および工程説明」にあたっては、表3-1に示したような工事工程表に基づきながら進捗状況等を確認することになります。
　では、実際にどのような検討がなされているのでしょうか。
　いくつか議事録を紹介してみましょう。

◎表3-1：改修工事工程表の例

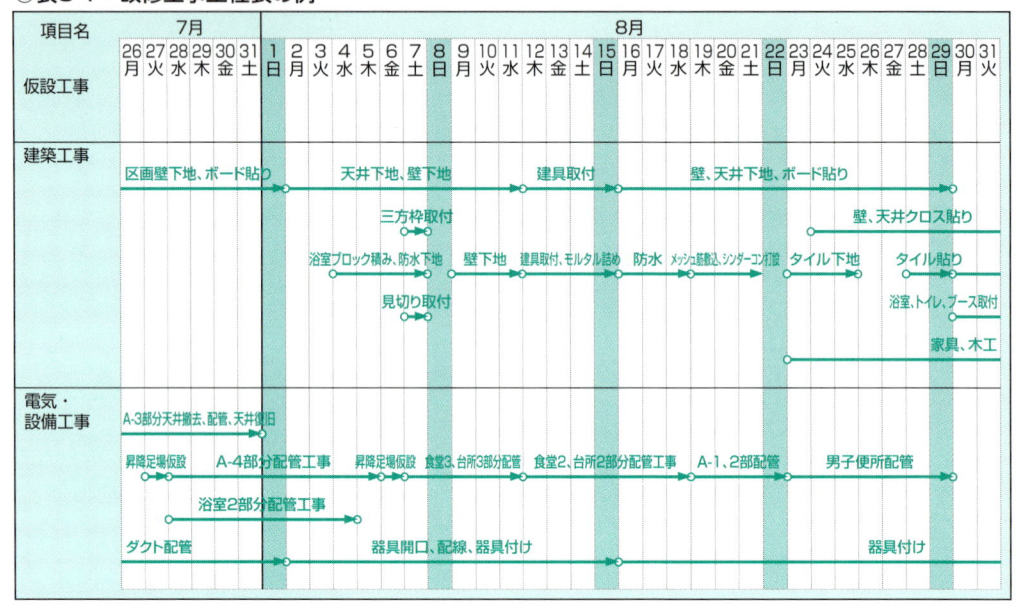

◎資料：工程会議議事録の例

〈第1回工程会議〉

打合せ議事録	○○○○改修工事	
日　付　0000年0月0日 時　間　0時 場　所　●●室	出席者	

1. **前回議事録の確認**
   今回が第1回目なので省略します。
2. **現況報告および工程説明**
   現在、3階の解体、撤去作業が約80％完了しています。2階の天井内での配管作業は1回目のA-1、2部分の作業が終了し、明日（0日）に利用者の移動をお願いします。工程については別紙添付しております。
3. **発注者からの指示伝達事項**
   ・照明は電球色にしたい。（準備室長）…次回までにどこの電気を電球色にしたいか、またペンダント照明にするにはテーブルの位置を決めなければいけないので、テーブル設置位置の検討をしてください。なお、ペンダント照明だけでは照度不足のため、ダウンライト等も併せて設置しなければいけません。
   ・1、2床室の照明は変更したい。（準備室長）
   ・手摺、壁の色を決めるときは相談してください。（準備室長）
   ・台所に設置する食洗機は12人分必要です。（準備室長）…各所に4～5人用を2台設置するように検討して、次回定例会議で案を提出します。
   ・ナースコールをPHS（3台必要）で受けるシステムにしたい。（準備室長）…現在あるシステムで可能かどうか確認します。
   ・ナースコールは利用者1人に1個必要…そうします。
4. **設計事務所からの指示伝達事項**
   ・各病室に設置する間仕切り板が必要か、畳コーナーの堀コタツの使い方を確認しておいてください。
   ・設計図の詳細図を持っていきますので、次回までに検討しておいてください。
   ・各食堂、談話室のTVの位置の説明…施設側にて再検討し回答
   ・新設トイレの中間手摺の設置について…必要である。縦スウィングタイプとする。
   ・台所流し前面カウンターの形状について説明…高さ、形状共に設計図どおりでよい。
   ・洗面1の扉の設置について…施設側にて必要性を再度検討の上回答
   ・4床室のベッド間の間仕切りの必要性について…施設側にて必要性を再度検討のうえ回答
5. **協議事項**
   浴室2のレイアウトについて、脱衣室と浴室を入れ替えさせてください。…よろしい
   平面詳細図において各室のスペック確認
6. **その他**
   定例会議は毎週行うことにします。
7. **次回の定例会議の確認**
   0年0月0日0時～

〈第2回工程会議〉

打合せ議事録	○○○○改修工事
日　付　0000年0月0日 時　間　0時 場　所　●●室	出席者

1. **前回議事録の確認**
   別紙参照
2. **現況報告および工程説明**
   3階の天井照明、空調機器の撤去作業が終わり、本日より区画間仕切り壁の材料荷上げおよび下地の建込作業を行っております。2階においては、天井内配管、保温作業中です。2、3階とも工程どおり進んでいます。
3. **発注者からの指示伝達事項**
   特になし
4. **設計事務所からの指示伝達事項**
   ・1、2床室のペンダント照明のオン/オフは誰が、どこで行うか…病室にスイッチを設ける。照明器具はヒモ付きとする。(ナースセンターでの集中管理は行わない)
   　食堂のペンダントもスイッチを食堂内の壁に設置する。(器具1個に対しスイッチ1個対応) 器具はヒモなしとする。
   ・4床室の個別の照明はベッドライトで対応する。(ペンダントはなし) ベッドライトは利用者によって必要か不要かを決める。工事としては各ベッドの所にコンセント設置までは行います。
5. **協議事項**
   ・照明器具のレイアウトおよび種類について…設計に入っている照明器具はそのままで、追加でペンダント照明を設置する。ペンダント照明の位置は検討中です。(1、2床室はペンダント照明を設置、廊下、4床室は今の器具の蛍光灯を電球色に交換
   ・流し台、食器洗浄器の確認(図面提出)…提案図面どおりでよろしい。
   ・ナースコールのPHS対応について…現在2階で使っていない子機が2台ある。3階用の子機があるはずなので施設側で再度探していただく。なお、メーカーの方に今のシステムでアンテナと子機のみを交換して使えるようになるか再度確認する。(コストも含めて)
   ・トイレブースの仕様、色について(図面提出)…車いす対応の便所がほしいので、便器を減らしてでも各便所に車いす対応を設置したほうがよいと思うので、施設側で再度検討し、早期に回答します。
   ・4床室のベッド間の間仕切りの必要性について…必要です。中桟の位置を下げて、上部分を障子形状にしたい。全体の高さは設計図どおりでよいが、中桟の高さを検討して回答します。
   ・洗面1とトイレの間のドアの必要性について…不要です。
   ・畳コーナーの堀コタツの使い方について…フタが必要です。
   ・各食堂、談話室のテレビの設置位置について…設計図どおりでよい。
   ・病室入口ドアの鍵について…1床室と浴室は必要です。2床室については不要です。(廊下側シリンダー／部屋内側サムターン)
   ・浴室の変更レイアウト提出…よろしい。シャワーは浴槽の所のみ必要。それ以外の2ヶ所は不要です。
6. **その他**
   特になし
7. **次回の定例会議の確認**
   0年0月0日0時～

〈第5回工程会議〉

打合せ議事録	○○○○改修工事
日　付　0000年0月0日 時　間　0時 場　所　●●室	出席者

1. **前回議事録の確認**
   別紙参照
2. **現況報告および工程説明**
   3階の区画壁下地が完了し、現在壁ボード貼り、天井下の壁下地、ボード貼り施行中です。
   明日（0日）から浴室のブロック積みを開始します。
   2階天井内配管作業ですが、先週の打合せでトイレの変更がありましたので、工程が変わります。（別紙添付）
   それに合わせて2階の利用者移動が終った部屋で再度移動が出てきます。
   なお、男子便所（1）の真下にある2階の男子便所（1）の使用禁止の期間がでます。
3. **発注者からの指示伝達事項**
   2階天井内作業において、病室の入口ドアは常に閉めておく様にしてください。
4. **設計事務所からの指示伝達事項**
5. **協議事項**
   ・各所の天井、壁プロットの承認（図面提出）
   　脱衣室のコンセントの箇所数を確認してください。
   　脱衣室に手洗いを設置する。（H＝680）
   ・各部屋のクロス、床シートのサンプルの提出（0月0日までに決定してください）
   ・各部屋のカーテンのサンプル提出（0月0日までに決定してください）
   ・流し台横の作業台の天板（メラミン化粧合板）の決定…0月0日に決定
   ・4床室ベッド間の間仕切り、台所カウンター、台所隔て板に使用するシナベニヤのサンプル提出…よろしい
   ・浴室床シートの決定（ノンスリップタイプは浴室内で使用できません）…MT-804
   ・浴槽について…浴室2は上げ床とする。（H＝180）特浴も上げ床とする（機械浴のところはH＝100、浴槽を置くところはH＝180）特浴の廊下からの入口の所は段差ができるので、ドアは開けた状態にして常に段差があることを確認できるようにしておくこと。入口右側に手摺を設置する。
   ・衛生器具の最終確認および色の決定…手洗いのセンサーが設定変更できるか確認する。便器の色はSC-1（パステルアイボリー）。浴室シャワーのホースの長さは1500とする。
   ・照明器具の決定は0月0日までにお願いします。
6. **その他**
7. **次回の定例会議の確認**
   0年0月0日0時〜

設計者や施工者はそれぞれの守備範囲のなかで専門用語を使ったり、作業を進めたりしていきます。したがって、施設側の参加者は入居者の代弁者として提案を行うと同時に、疑問に思ったり不安に感じたりしたことは疑問や不安のまま終わらせることなく、徹底的に説明してもらうという姿勢が大切になってきます。

　特に工事に入る前の設計段階においては、疑問や不安の払拭が非常に重要です。何せ私たちは設計や建築の分野では素人なのですから、注意深く慎重に、また綿密に打合せを重ねたとしても、意外に見落としていたり、誤解していたりする部分は出てくるものです。

　例えば、「ポイント2の【課題3】リビングをつくり込む」のなかでも紹介したように、いちばんわかりやすいのは図面から起こしてもらうというやり方です。手すりの位置、棚の高さ、窓の大きさなどは、実際の仕上がり具合を体感すれば一目瞭然です。また、壁紙の種類や塗料の色、床材等の材質なども見本があれば検討しやすくなります。

　もう一つ、工程会議を進めるうえでのポイントは、だんだんと回を重ねていくうちに会議室を出て実際の工事現場で検討を重ねるというやり方です。工程会議のもつ意味を考えれば、必ずしも会議室で書類をひろげて意見を交換するだけが進行方法ではないと思います。そのなかからまた新たな課題がみえたり、疑問が生まれることがあるかもしれません。

　このような視点に基づいて工程会議を行うことは、設計者や施工者にとってもある程度の負担になるかもしれませんが、会議を立ち上げる早い段階で合意をとりつけ、それぞれが信頼し合える関係のなかで進めていくことが大切です。

VIEW POINT　施工業者の視点

　設計図は文字どおり平面でしかありませんから、私たちがもつ寸法の感覚と施設の皆さんがもつそのイメージとは、なかなかすり合わないのが現実です。その意味では、工程会議の参加者が全員で工事の現場に出向き、立体的になったものを前にして話をする機会をもったことは、とても有意義だったと思います。

　ただし、そこで新たな課題が明らかになったとき、場合によっては、変更や手直しが必要になってきます。ものによっては、発注から納期までに1か月程度かかる材料や部品などもありますから、そうなると工期との関係から、私たちは本当にヒヤヒヤものですね。

　何しろ私たち施工者にとっては、工期というのがいちばんのプレッシャーです。工期に間に合って初めて、できあがった建物に点数がつけられます。しかし、工期に間に合わなければ、どんなに素晴らしい建物をつくったとしても、それは0点でしかないのです。

段階—4
施設内のインテリアを考える

1　内装の決め方

　工事の進行に伴って、居室をはじめとする各スペースごとの内装を決めていくことになります。しかし、自分の家の設計ならばあれこれ注文できるはずの介護職員も、いざ施設の設計となると、その空間が家をはるかに超えるほど大きいためにうまくイメージがつかめず、提案に結びつかないというケースも多いようです。
　そこで思い返していただきたいのは、ユニットケアの基本理念です。

> 「介護が必要な状態になっても、ごく普通の生活を営むこと」
> 「施設に入居した高齢者が、自宅にいたときと同じように、ごく普通の生活を営むことができるように支援していくこと」

　したがって、できる限り家庭生活に近いハード（居住環境）を整えることがきわめて重要なポイントであり、このためには、施設の整備についても従来の発想から根本的に切り替える必要があります。
　内装を決めるにあたっても、この考え方に戻ればよいわけです。つまり、一般の家庭では内装にどのような色彩や素材が使われているのかを検討してみましょう。
　どこも一律で同じ内装にするのではなく、一般の家庭と同じように、それぞれ個性に合わせて違うものにすることが大切です。床にしろドアにしろ、みんな同じ色、同じ形では、やはり施設に入っているとしか思えません。
　壁は病院を思わせる白一色にするのではなく、例えば塗り壁にしてしっとりとした雰囲気を出したり、入居者の好みを聞いて"我が家"のような感じを出したりしてもよいでしょう。無垢の木を使えばそれだけで違ったものになるはずです。
　また、表札なども入居者の好みに合わせてそれぞれ違うものを用意すると、「ここが自分の家だ」という意識が強くなり、より居心地のよい環境をつくり出すことが可能になります。
　場合によっては、マンションのモデルルームやインテリア関係の雑誌などを参考に、雰囲気づくりを優先した色彩や素材を選び、決めてみてはいかがでしょうか。

2　家具の選び方

　ユニットケアの導入に向けて取り組んでいたとしても、施設側がすべてのユニットに備品として同じ家具を揃えたのでは、従来の集団的なケアと本質的に変わりはありません。ユニットが真に入居者の空間になるためにも、家具やしつらえの検討は重要になってきます。

　入居者による居室への家具の持ち込みは次頁の【コラム】に譲るとして、ここではセミプライベートやセミパブリックと呼ばれるスペースに置く家具について考えてみようと思います。

　リビングを例にとって考えてみましょう。一口に家具といっても実は何種類も必要になってくることがわかります。食器棚、食卓といす、ソファー、マガジンラック等々……。各ユニットの職員がすべて決まってからこれらの家具を選んでいたのでは、とてもオープンには間に合いませんので、この仕事もやはり準備室の職員にゆだねられることになります。

　そのときに配慮しなければならないことの一つは、家具と内装とがトータルに調和しているかどうかという点です。つまり、どんなに素晴らしい内装であっても、そこに置かれた家具が不釣り合いなのでは元も子もありません。

　実際にこんな事例がありました。その施設は、地元の中学校の跡地を利用して新設した施設なのですが、内装も凝っていて、廃材などを活用した雰囲気のあるハードにしつらえてありました。ところが、リビングに置かれているテーブルの色や形があまりに奇抜すぎて、どうみても不釣り合いなのです。かえってそのことが全体の品を落としていました。

　その意味では、準備室の職員に限界があるとすれば、施設内でもセンスのある職員や興味をもっている職員に手伝ってもらってもよいでしょう。

　次に、家具をいつごろ発注し、いつまでに搬入すればよいかですが、これは選んだものによってもずいぶん違ってきます。

　例えば、スウェーデンやデンマークからヨーロッパ調の家具を取り寄せるとなれば、船便で3か月程度はかかります。そこまではしないにしても、国内の既製品であった場合、やはり搬入までの期間は1か月みておいたほうがよいと思います。いずれにしても、製造業者や納入業者と打ち合わせをすることが必要です。

　〔ポイント7〕で詳しく述べますが、可能であればオープンの2週間前には職員研修を行いたいと考えていますので、そこから逆算すると、やはり工程会議の早い段階で内装とともに家具の選定も行ったほうがよいことになります。

Column

　入居が始まって以降、居室にはどんな家具を持ち込んでもらってもかまいません。「たくさん持ち込まれて困ってしまう」などというのは、取り越し苦労と思ってください。

　むしろ多くの方は自宅からではなく病院や他の施設から移ってきますので、入居のときも病院に入るのと同じように、私物はパジャマと下着を詰め込んだ紙袋だけということが多く、家具を持ち込む人は少ないと思います。

　自分の部屋としてつくり上げてもらうことが重要になりますから、逆に家具を持ち込んでもらえるように努力することのほうが大切です。

3　照明器具の重要性

　従来の施設における照明の考え方は、ただ明るく、それも隅々まで明るくしていくということを目的としていたため、照明器具がインテリアなのだという発想はありませんでした。これは建物の構造にも起因していたと考えられます。つまり、高齢者福祉施設の照明の多くは、病院のような天井埋め込み式なのです。

　さらには、〔ポイント2〕でも述べたように、居室とリビング、また廊下、トイレ、浴室など、それぞれのスペースがもつ役割は違うにもかかわらず、どこにもみな同じ蛍光灯を使用して同じような明るさをつくっていたのです。そのために照度の濃淡のない空間をつくりあげ、結果として、施設での暮らしはメリハリのないものとなっていました。

　例えば、新設の施設であったり、配線工事が可能な場合には、天井から釣り下がるペンダント式の照明をリビングなどに設置してもよいと思います。テーブルの上に灯るペンダント式の照明は、みんなが集まる場という雰囲気づくりにとても効果的です。

　また、どうしても改修が難しい場合であったとしても、蛍光灯から白熱灯へ電灯の種類を替えるだけでずいぶん雰囲気は変わります。その場所が調理をするところなのか、食事をするところなのか、また本を読むところなのか、それともテレビをみるところなのかを考え、目的によって照度を変えたり、照明器具を変えたりする工夫が大切です。

　加えて、〔ポイント2〕でも解説しましたが、個別の室内灯をつけることが難しい居室などでは、電気スタンドが効果的な役割を果たします。それぞれの役割や用途を検討したうえで、そのスペースにいちばん適した照明器具を選ぶようにしてください。

段階—5
「備品リスト」をつくり、備品を購入する

1　リスト作成の時期と主体

　内装もほぼ固まり、家具も発注し終え、照明器具や家電製品などの方向性も見えてきた段階で「備品リスト」を作成します。時期的・段階的にいえば、備品リストの作成は物品関係を揃える本当に最後の作業になります。

　介護職員は意外とこのようなリストをつくる作業が苦手です。だからというわけではありませんが、備品リストは準備室の職員が作成するようにします。

　ただし、準備室の職員が作成するリストというのは、いわば基本パターンです。〔ポイント7〕で詳しく述べることになるオープン2週間前の職員研修において、介護職員には、基本パターンのリストに基づいて確認と点検の作業を行ってもらいます。

　その作業から逆算していけば、少なくとも職員研修が始まる1か月前にはリストの作成を、また1週間前までには備品の購入を終えておくようにしてください。

2 リスト作成の留意点

ここで重要になるのは、どのような視点に基づいてこのリストを作成するかということです。

何の説明もなく、ただ単に「備品リストを作成してください」と準備室の職員に投げかけたとすると、多くの場合、「鉛筆がほしい」「タオルがほしい」というように思いついたものを思いついたままに書き連ねてきます。

そつなく、もれなく備品を揃えることを目的としてリストを作成するには、入居者の一日の生活行為に即してリストアップしていくという方法をとります。

> ○朝起きたときに、まず入居者はどこへ移動して何をするのか
> ○個室からリビングに来たときに、何が必要になるのか
> ○トイレや風呂場では何をするのか

このように生活行為を追いながら、リビングでは雑巾、台ふきん、急須、キッチンではスポンジ、たわし、食器洗い用洗剤、トイレではトイレットペーパー、タオル掛けといった具合に、スペースごとに必要となる備品をリストアップしていくようにします。そして、リビングが三つあれば購入数は「×3」となりますし、トイレが10か所あれば購入数は「×10」となり、そつなく、もれなく備品を揃えることが可能になるのです。その具体例を表3-2としてまとめてみました。

加えて、もう一つ必要となるのは、職員の動きに即したリストアップです。

この時間帯に職員が記録をつけるので、記録のファイルはこの部屋に置く。鉛筆とコンピュータはここの部屋、というように、職員の活動を追いながらこれもスペースごとにまとめていきます。

これら入居者と職員の活動という2本のラインで備品リストを整理していけば、購入の際に大きな見落としを防ぐことができます。と同時に、余分に買ってしまうことを防ぐことにもつながります。

ふだんの買い物でも思い当たることですが、必要以上に買ってしまったり、買っても使わないままになっていたりすることがよくあります。あらかじめ予算を確保しておいて足りなくなったら補充をすればよいのですから、備品リストを効果的に作成し、活用することによって、無駄をなくしていくようにしましょう。

◎表3-2：入居者の生活行為に基づく備品リストの例

リビング（1ユニット分）
・テーブル　・いす　・ソファ　・サイドテーブル（任意）　・テレビ　・テレビ台 ・掃除用具（ほうき、ちりとり、から拭きモップ）　・掃除機　・雑巾用バケツ ・ゴミ箱　・ポット　・きゅうす（大×1、小×2～3）　・食器棚
キッチン（調理器具等）（1ユニット分）
・冷蔵庫　・炊飯器（しゃもじ×2）　・電子レンジ　・トースター ・まな板×2　・包丁×2～3　・ゴミ箱　・生ゴミ用バケツ ・流し用三角コーナー　・食器用スポンジ　・たわし　・食器用洗剤　・石けん ・食器洗いかご　・台ふきん、食器用ふきん、手ぬぐい用ふきん、雑巾×3～10 ・鍋　・やかん　・ざる　・ボウル　・おたま　・菜箸　・栓抜き　・缶切り ・調理用はさみ等の調理器具　・しょう油　・ソース　・砂糖　・塩 ・各種調味料を入れる容器　・米びつ　・計量カップ×2　・ラップ ・アルミホイル
キッチン（食器類）（1ユニット分）
＊箸、湯呑み、茶碗は私物。ほかは寄付、持込み、購入。 ・箸×12+α　・大スプーン×12+α　・小スプーン×12+α ・大フォーク×12+α　・小フォーク×12+α　・バターナイフ ・湯呑み×12+α　・マグカップ、コーヒーカップ、グラス（各任意） ・茶碗×12+α　・汁椀×12+α　・平皿×12+α　・深皿×12+α ・陶器小鉢×12+α　・ガラス小鉢×12+α　・小皿×12+α ・どんぶり×12+α
汚物処理室
・清拭保温器　・ポータブルバケツ　・清掃用バケツ　・靴洗い用バケツ ・ゴミバケツ（大）×3　・バケツ×12　・クーラーボックス×6 ・夜間おむつ交換用台車　・ほうき　・ちりとり　・掃除用モップ
浴　室
・洗い台（背もたれなし）×3　・洗い台（背もたれあり）×2　・洗面器×6 ・手桶×3　・手鏡×3　・ドライヤー×3　・脱衣かご×5 ・脱衣用ベンチ（もしくは一畳たたみ）×1　・脱衣用、洗面用いす×2 ・掃除機×1　・浴室掃除用品×2　・ゴミ箱×2 ・シャンプー、ボディソープ、石けん×各3
トイレ、各居室洗面台
・石けん　・ペーパータオル　・ゴミ箱　・トイレットペーパー　・タオル ・タオル掛け

3　備品の購入

　備品を購入するにあたっては二通りの方法が考えられます。

　一つは、業者から大量に一括購入するという方法です。この方法のメリットは経費的に安くあがるという点にあります。その反面、デメリットとしては、職員が自分で選んで購入することになりませんから、文字どおり"物品"という感覚が強くなり、"自分の家"のものを揃えるという意識は薄らいでしまう可能性があります。

　もう一つは、オープン2週間前に行う職員研修の過程で「備品の購入」というプログラムを盛り込み、自分たちで購入するという方法です。この方法のメリットは、職員が当事者意識をもって生活を組み立てていくことができるという点です。タオル一枚購入するにしても、職員は入居者の顔を思い浮かべながら、この人には花柄のタオルを、また別の人にはキャラクター入りのものを、というように自分も住人の一人なのだという動機づけにもつなげていくことができます。ただし、研修の際の仕掛け方を間違えると、単なる買い物で終わってしまう可能性もあるのです。

　これらのうちいずれの方法を採用するかは、入居定員の規模や職員の成熟度によって柔軟に対応するようにしてください。

　また、いずれの方法で購入するにしても、「いくらの範囲で買うか」を明確にしておく必要があります。つまり、予算内でやりくりするという意識をもつことです。これは購入前のリスト作成段階から必要な視点ではありますが、購入段階では特に注意しておきましょう。

　さらに実際の購入にあたっては、表3-3のようなリストを作成しておくとより便利です。これは表3-2を踏まえてつくられるものであり、数量や購入方法まで具体的な形で明記されますので、購入に際しての間違いを未然に防ぐことができます。

◎表3-3：備品購入リストの例

種別	品目	数量	使用場所	購入方法	備考
家具	テーブル				
	いす				
	ソファー				
	ソファーテーブル				
	食器棚				
家電	テレビ	3	リビング・多目的室	発注済	
	掃除機	4	リビング・処置用	発注済	
	電気ポット	3	リビング	発注済	
	冷蔵庫	3	リビング	発注済	
	炊飯器	3	リビング	発注済	
	電子レンジ	3	リビング	発注済	
	トースター	3	リビング	発注済	
	ドライヤー	3	浴室	発注済	
台所用品	まな板	6	リビング		
	包丁	6	リビング		
	ゴミ箱	6	リビング		
	生ゴミ用バケツ	3	リビング		
	流し用三角コーナー	4	リビング・サービスステーション		
	食器洗い用スポンジ	7	リビング・サービスステーション		
	たわし	7以上	リビング・サービスステーション・汚物処理室・浴室		
	たわし受け	5	リビング・サービスステーション・汚物処理室		
	食器洗いかご	3	リビング		
	食器用洗剤	4	リビング・サービスステーション	施設備品	
	流し用洗剤	5	リビング・サービスステーション	施設備品	
	食洗機用洗剤	3	リビング	施設備品	
	ポット洗浄剤	3	リビング		
	石けん	任意	リビング・トイレ・浴室・居室	施設備品	
	台ふきん	15以上	リビング		
	食器用ふきん	15以上	リビング		
	手ぬぐい用ふきん	15以上	リビング		
	雑巾	15以上	リビング		
	ふきんかけ	4	リビング・サービスステーション		
	しょう油さし	3	リビング		
	塩・砂糖用容器	3	リビング		
	ラップ	3	リビング		
	アルミホイル	3	リビング		

〔ポイント3〕でのチェック項目

⬇改修・開設準備室を立ち上げる

- ☐ 1　準備室を設置する意義が理解できたか。
- ☐ 2　準備室を独立した部署として組織内に位置づけたか。
- ☐ 3　準備室専用のスペースと、デスクや電話などの備品は用意したか。
- ☐ 4　準備室に専任の職員を配置したか。
- ☐ 5　専任の職員はユニットケアの本質を理解しているか。
- ☐ 6　必要に応じて外部のアドバイザーに関与してもらったか。

⬇準備委員会を組織する

- ☐ 7　準備委員会を設置する意義が理解できたか。
- ☐ 8　施設内における準備委員会の位置づけが理解できたか。
- ☐ 9　各セクションの代表者によって準備委員会が組織されたか。
- ☐ 10　定期的に準備委員会が開催されたか。
- ☐ 11　準備委員会をとおして全職員に情報が行き渡ったか。
- ☐ 12　現場職員の意見や反応は、準備委員会によって集約され準備室につながったか。

⬇工程会議を開く

- ☐ 13　工程会議を開催する意義が理解できたか。
- ☐ 14　準備室の職員が工程会議に参加し、設計・施工業者の役割を尊重すると同時に、施設側の要望を的確に述べて討議できたか。
- ☐ 15　工程会議を週1回のペースで、定期的に開催できたか。
- ☐ 16　毎回議事録をまとめて、会議の継続性を保ったか。
- ☐ 17　設計図からだけではわかりにくい部分は、モデルをつくったり見本を取り寄せたりして、具体的に検討したか。
- ☐ 18　工事の進行状況により、現場に赴いて検証しながら会議を行ったか。

⬇施設内のインテリアを考える

- ☐ 19　ユニットごとにインテリアの大まかな雰囲気を決めたか。
- ☐ 20　どこも一律で同じ内装になっていないか。
- ☐ 21　壁の色や電球の仕様に至る細かいところまで、個性を大切にできているか。
- ☐ 22　家具と内装とがトータルに調和したものとなっているか。

- ☐ 23　家具を購入する際は、入居者の目線を忘れずに、高さや重さ、かたさなどに注意したか。
- ☐ 24　それぞれのスペースがもつ役割に応じた照明器具を選んだか。

⬇「備品リスト」をつくり、備品を購入する

- ☐ 25　備品リストを作成する意義が理解できたか。
- ☐ 26　入居者の生活行為を追いながら、各スペースごとに備品リストをつくったか。
- ☐ 27　職員の動きに即して、備品リストをつくったか。
- ☐ 28　備品の購入方法と同時に、予算内でやりくりすることの検討も行われたか。
- ☐ 29　職員が実際に備品を購入することで、ユニットケア導入のモチベーションを高める一助となったか。

ポイント4
施設内部に向けた情報の伝達

〔ポイント3〕でも解説したように、既存の施設がユニットケアを導入する場合、「一部の人たちが勝手に決めていく」という雰囲気をつくることが何よりも問題になります。したがって、円滑な形でユニットケアの導入を図っていくためには、施設内のすべての職員に対して的確な形で情報を伝えていくことが前提となります。そのことが結果として職員たちにとってのやる気につながっていきますし、反対に知らないということが、いちばんやる気をそぐことになっていきます。その意味では、現在このような状況で、今後どういう方向に向かっていくのかを全職員に対して伝えていくことは非常に重要な要素となります。

　ユニットケアの基本は、何よりもチームケアの重要性にあります。ですから、今どこまで進んでいるかの共通認識がなければ、それぞれが違う方向を向いてしまうという状況にもなりかねません。

　では、どのような内容の情報を、どのような方法で伝達することが効果的なのでしょうか。

　具体的に考えてみましょう。

方法—1
伝達すべき情報の種類と内容を整理する

職員に伝達すべき情報としてはどのようなものがあるのでしょうか。
おおまかにいうと、次の三つに分類することができます。

> ①組織の決定事項
> ②業務に関連する情報
> ③入居者個人に関する情報

①は文字どおり、組織のラインを通じて正式に決定された、いわば公式の情報となります。具体的には、予算や日程（組織運営に伴う予定）などがそれに該当します。なお、ここでいう組織運営に伴う予定とは、施設が主催する公的な集まりや会議等を意味します。例えば、入居者説明会の開催日のほか、関係者および見学者等の訪問予定といった組織全体に関わる内容のものです。

また②の「業務に関連する情報」とは、例えば工事の進行状況や施設内外における研修会開催のお知らせ、行事の開催予定などです。

③の「入居者個人に関する情報」は改めて解説するまでもないでしょうが、個人情報保護法の施行に伴い、特定の個人を識別できる情報の保護および管理にあたってはこれまで以上に配慮していかなければなりません。

このように、一口に伝達すべき情報といっても、その内容をきちんと整理しなければなりません。そのうえで、次に伝達の方法について考えることになります。

ここでは情報伝達の方法として、次の二つの方法を紹介します。

> ①口頭による伝達
> ②文字媒体による伝達

　①の「口頭による伝達」は、おもに会議やミーティングの場で行われるものです。いちばん効果的なのは、準備委員会開催後にそのメンバーが各職員に情報を伝達する方法です。つまり、準備委員会には各セクション（各職場）の代表者が参加しているわけですから、その代表者が自分のセクションに戻って情報を行き渡らせることが可能となります。

　一方、②の「文字媒体による伝達」とは、ニュースやお便りと題した印刷物、また会議後に作成される議事録などを活用した伝達方法です。この印刷物や議事録を掲示したり、配布したりすることで職員に情報を行き渡らせるようにします。

　また、最近では電子メール等の活用も一般的になりつつあります。紙媒体と電子媒体の違いはあるものの、大きな意味ではこの電子メールも文字媒体の範疇に入ります。

　ただし、「口頭による伝達」と「文字媒体による伝達」とはそれぞれにメリットとデメリットがあります。

　例えば、「口頭による伝達」の場合、相手を前にして直接伝えることになりますから、その表情や態度などから伝達度や理解度を計ることも可能となります。しかし反面、職員が一堂に会する時間がとれないために伝達の機会が遅れ、情報の鮮度が悪くなることも考えられます。また、一つの情報を一人ではなく複数の人が複数の場所で伝達するような場合、それぞれの言葉で伝える形になりますから、結果として必ずしも情報の一致が図れないということも考えられるわけです。

　他方、「文字媒体による伝達」では、情報は一元化されて一斉に流されるために伝え方の違いはなくなるというメリットがある一方、文字として残すことに馴染む情報とそうでない情報があるので、その吟味に十分な配慮が必要になるという側面があります。

　その意味からいえば、これまでの施設は、情報の種類の整理や伝達方法の検討が曖昧であったケースが多かったといえるでしょう。そこで以上の諸要素を踏まえたうえで、情報の伝達にあたっては、次のことを常に検討することが大切になります。

> どのような内容の情報を、どのような方法で伝達することがいちばん効果的なのか

　冒頭でも述べたとおり、ユニットケアの導入にあたっては、一部の人間だけが情報を握り物事を決めていくことが何よりも望ましくありません。準備室や準備委員会のメンバーは常にそのことを自覚し、役割に応じて、得た情報をタイムリーな形で全職員に伝えていく方策を検討してほしいと思います。そして施設内の職員が同じ目標に向かって進んでいける仕組みづくりに努めるようにしてください。

方法―2
掲示板やメールボックスを設置する

　ここでいう掲示板とは、施設内の職員に向けて情報を伝達するためのボードを意味しています。したがって、入居者がつくった作品の展示や入居者に向けた行事開催のお知らせ、誕生日を迎えた人の紹介、さらには国が行う各種キャンペーン活動を告知するポスターを貼付するための場所は指していません。
　その意味では、この掲示板のない老人ホームは意外と多いといえます。

　では、いちばん効果的な掲示板の設置場所とは、どこになるのでしょうか。
　何よりもすべての職員の目に止まることが肝要ですので、とにかく目につきやすく、多くの人が利用し、集まりやすい場所を選ぶ必要があります。そこは「職員通用口」です。ここは出勤時と帰宅時の最低2回は必ず通る場所ですから、よほどのことがない限り目に入らないということはありません。
　いずれにしても、職員通用口の近くの壁に掲示板を設け、とにかく注目してもらえるように準備室のメンバーは全職員へ働きかけてみましょう。

　この掲示板は常設することにも大きな意味があります。というのも、これまでの施設の多くは、連絡・伝達事項を掲示する場所が確定せず、曖昧であったために、職員の側も掲示板から情報を入手しようという意識がほとんどありませんでした。言葉を換えれば、そうした習慣がついていなかったともいえるでしょう。したがって、掲示板を常設し、そこに常に連絡・伝達事項を掲示しておけば職員の側も意識せざるを得なくなります。いわば、これも職員教育の一つなのです。
　【方法1】でも述べたように、情報の伝達にあたっては情報を一元化することが重要な意味をもちます。掲示板を活用することにより、そこを見れば大切な情報を入手することができるという仕組みをつくり上げることは、その後のユニットケア導入に向けた展開の大きな一助となるはずです。また、ユニットケアの導入後も、例えば【コラム】に紹介するような形で掲示板が活かされた例もあるのです。
　ただし、ここに掲示する情報というのは、【方法1】で紹介した①と②に該当するものになります。③の「入居者個人に関する情報」は必ずしも全職員に伝えなければならないものとは限りませんし、また複数の関係者が共有にするにしても、本人から了承を得たのち、ミーティングの場などで用いられるべき内容の情報といえます。準備室のメンバーはその点に十分な配慮を行い、掲示板を効果的に活用できるように努めなければなりません。
　なお、組織の決定や業務に関すること以外に、職員同士で情報を伝達し合ったり、交換し合ったりするために掲示板を使用することがあるかもしれませんが、その場合には、情報の内容を明確に切り分けるためにも、それぞれ個別の掲示板を用意するようにしてください。公式の情報とそれ以外の情報とを混在することは、重要な情報の確実な伝達を妨げる危険性があります。

Column

　ある施設では、当初掲示板の設置に抵抗がみられました。にもかかわらず、ユニットケアが導入され、準備室が解散された現在でも、その掲示板は活用されています。

　継続は力なりといいますが、普通に職員みんなが使うようになっているのです。その内容は、「○○がほしいので、譲ってください」といった個人的なものから、シフト勤務のなかで伝達すべき情報まで、内容の硬軟や情報の出所、伝達先もさまざまですが、それぞれの役割別に掲示板を設置して、うまく使いこなしています。

　ところで、従来の考え方に基づくと、あえて職員通用口に掲示板を常設しなくても、必要な情報は介護職員室に掲示すればよいのではないかと思う人がいるかもしれません。しかし、これまで介護職員室に集められていた情報のほとんどは入居者個人に関するものでした。ここで説明する掲示板への掲示物は業務伝達的な内容のものである必要があり、その意味では、入居者個人に関する情報よりもう少し広い範囲のものになります。

　さらには、ユニットケアの導入により介護職員室の位置づけは大きく変化しており、廃止されるか転用されていく方向にあります。というのも、介護職員はリビングを主体に活動をしていくことになりますから、あえて介護職員室を設ける意味合いがなくなりつつあるのです（なお、介護職員室に関する考え方は〔ポイント2〕の【課題6】で詳しく解説しています）。

　とすれば、掲示板を常設し、そこに連絡・伝達事項を掲示することは非常に大きな役割を果たすことになるはずです。

　さらにいえば、ここでいう情報は介護職員の間だけで共有されるべきものではありません。看護職や厨房で働いている人、またデイサービスの職員など、施設における全職員が同じように知り得る必要があります。その意味では、すべての職員の目にふれやすい場所はどこなのか、もう一度施設内を見回してみてください。

　ところで、掲示板の活用は、施設や準備室の側から全職員へ連絡・伝達すべき情報を流すという意味合いが大きいわけですから、そこでの情報は全職員に共通する内容となります。しかし、情報によっては、ある決められたグループや個人に対してのみ連絡・伝達が必要となるといったケースも考えられます。

　そうした場合、掲示板の活用に馴染む情報と馴染まない情報とに分かれることにもなるでしょう。そこで大きな役割を果たし得るのが「メールボックス」です。これを直訳すれば郵便箱です。文字どおり、個人単位に設置する個別郵便箱であり、その人に向けて連絡・伝達する際の大きな味方となります。

　と同時に、ユニットケアが導入されれば勤務体制もユニット単位で異なり、勤務シフト自体ばらばらで、職員同士が顔を合わせる機会が少なくなります。そうしたなかでメールボックスは、職員同士のコミュニケーション手段にもなるという副次的な役割を担うことができるのです。

方法—3
「準備室だより」をつくる

1　作成の意味

　施設がユニットケアの導入に向けて本格的に動き始めると、施設の職員はよい意味でも悪い意味でも、いろいろな意味で今いったい何が起こっているのかを知りたくなるものです。そうした職員に対して準備室のメンバーはどう関わり、どう働きかけていけばよいのでしょうか。
　何より大切なのは、準備室のメンバーとなった自分自身の自覚のもち方です。

> ○自分はなぜ準備室のメンバーとなったのか
> ○今のポジションにいる自分には何が求められているのか
> ○今の自分には何ができるのか

　これらを総合的に具現化したものが「準備室だより」といっても過言ではありません。施設内に準備室が設置されたのであれば、そこがさまざまな情報の発信源にならなければなりません。その意味では、準備室だよりを作成し、全職員に向けて情報を発信していくことはとても重要な役割の一つです。
　逆にいえば、準備室だよりは、つくり方によって、ユニットケアの導入に向けた大きな原動力になり得るものです。

> 「私はこういう人間です」
> 「ユニットケアについては、こんなふうに考えています」
> 「今、ユニットケアの導入に向けて、施設の中ではこんなことが行われています」

施設の職員すべてに準備室のメンバーとしての自分を知ってもらうと同時に、ユニットケア導入に向けた施設内の取り組みを紹介し、職員一人ひとりにも自分のこととして考えてもらえるように働きかける。準備室だよりがもつ役割はそれくらい大きいのです。

　掲示板を活用して知らせる情報と同様に、準備室だよりに掲載する情報もマス的な情報（多数の人たちに向けて流す情報）であることに違いはありません。しかし、前者がいわば一方向で情報を伝達するのに対して、後者は、一緒に考えて一緒につくり上げるという発信スタンスとなっています。

　また、準備委員会の開催後に必ず議事録が作成されますので、この議事録を掲示板に掲示することも情報伝達の一つの方法と思われがちです。しかし、準備委員会が作成する議事録と準備室だよりとは、その意味合いが少し違ってきます。

　繰り返しになりますが、情報伝達の大きな目的の一つは、ユニットケアの導入に向けて職員の意識を高めることにあります。とすると、会議における決定事項を淡々と並べた形の議事録ではあまり事務的すぎて、職員への訴えかけに乏しいと言わざるを得ません。一方、「準備室だより」は初めから職員への動機づけや働きかけの手段として作成されるものですから、記事内容のまとめ方や見せ方もまったく違ったものになっています。

　だからといって、議事録そのものを見やすくわかりやすく作成しなさい、ということではありません。議事録には議事録の役割と目的があるのですから、そこは会議の内容を客観的に事実のまま記録として残せばよいのです。

　大切なことは、目的ごとに役割と機能を変えた形で媒体を活用するということであり、そのなかで準備室だよりは、施設職員に向けた情報伝達手段として効果的なものといえるのです。

2　発行の間隔

　準備室だよりを発行する間隔ですが、これは出せるだけ出したほうがよいと結論づけることができます。1か月に一度と固定することなく、お知らせすべき記事やトピック的な話題があるときにどんどん発行するという姿勢が大切です。

　これまでも施設によっては広報紙や施設内新聞などを発行し、情報の発信に取り組んできたところもあるでしょう。そしてその多くは、毎月発行日を決めて等間隔に発行していたことと思います。ある程度紙面構成も決まっており、継続的に発行する媒体であれば、そのような等間隔の発行形態にも意味があります。しかし、準備室だよりに求められる役割はそれとはまったく違うのです。

　準備室だよりで大切になるのは、掲載内容とともに発行のタイミングといえるでしょう。ユニットケアの導入に向けて、施設の内外は日々さまざまな変化をきたしています。その変化をときには情報として、またときには問題提起として、広く職員に発信していかなければなりません。そのためには、そのときどきにタイミングよく発行する必要があるのです。

　また、月1回のペースで定期的に発行していくと、施設外研修などの情報を掲載する際に発行日と開催日とが前後してしまい、結果として紹介できなくなることも考えられます。加えて、ある月は情報量がとても多くて紙面が読みづらくなったり、ある月は空きスペースができたしまったりなど、情報量のバランスが悪くなる可能性もあるでしょう。

　いずれにしても、必要な情報をタイミングよく紙面に盛り込み発信する。これが準備室だよりの生命(いのち)です。

3　記事の内容

　ここでは実際に発行された「準備室だより」を紹介しながら、どんな記事内容であったかを解説したいと思います。

Case Study 9　ケース・スタディ

[Vol.1]では、ユニットケアの導入に向けて施設内で行われた勉強会の模様が掲載されています。
　勉強会に参加した人たちからの感想・意見・疑問の一部が紹介されており、この時点での施設の実態をそのまま表しているといえるでしょう。ここからは、ユニットケアを目指すことへの共感が感じられる一方で、現状を踏まえてのユニットケアに対する疑問や不安の声も聞かれます。

ユニットケア準備室だより　Vol.1

発行責任者：○○　○○　　発行日：平成　○年　○月　○日

「ユニットケアとは何ぞや」の疑問から、いったい「私たちの施設」のユニットケアはどんなふうに用意され、始まるのか、皆さんご興味が強いことと思います。そこでユニットケア関連の情報をいち早く、すべてお知らせするように「ユニットケア準備室だより」を発行させていただきます。

　記念すべき第1号をお届けします。
　さる4月6日ユニットケア導入に向けての第1回の勉強会が16時から18時まで、講師にA先生を迎え、職員休憩室にて行われました。（参加者数13名）
　「ユニットケア」を旗印に高齢者介護の世界に起きている変化の流れ。その流れに私たちの施設が加わることの意義。そして実際に導入される「ユニットケア」とはそもそもどのようなものなのかなど、映像を交えての講義が主だった内容となりました。
　今回は対象をユニット準備委員に限っての勉強会となってしまったため、内容の詳細について興味、疑問をおもちの方も多いと思いますが、今後全職員の皆様を対象にした同内容の勉強会を予定していますので、詳細については今しばらくお待ちいただき、ここでは今回参加された方々から寄せられた感想・意見・疑問の一部をご紹介したいと思います。

・一人ひとりに合わせたケアを提供することは、すばらしいことと思うが、実現に向けては不安がある。しかし、今日の講義を聞いて、ユニットケアを実現させたいと元気が出てきた。

・将来、自分がお世話になるのであればユニットケアの施設がよいと思うが、現状との差がありすぎ、今回の話は理想としてとらえることしかできない。

・視野の拡大、新たな視点ができ、非常に感銘を受けた。

・ユニットケアのすばらしさが漠然とは理解できたような気がするが、まだ頭のなかは混乱している。勉強会の回を重ねるたびにユニットケアへの思いややる気を深めていけたらと思う。

・ユニットケア棟ではどれくらいの要介護度の方まで対応するのですか。
　→　どんな介護度でも可能です。

・小さく区切ると目が行き届かない部分がでてくるのではないですか。
　→　反対です。小さく区切るから見る範囲は少なくてすみ、もっと細かに見えてきます。

・リハビリやレクリエーションは各ユニットで行うのですか？
　→　これもどうするか皆で決めて取り組みます。ただし、ユニットケアは入居者一人ひとりの生活を大事にするやり方ですので、いつも皆一緒という生活リズムはあり得ないと思います。

・生活風景で起床・就寝時間の自由、日課がない、食事も本人が食べたいときに食べるなど、今までの施設介護では考えられないことですが、ユニットケアでは可能になるのですか。
　→　なります。そのためにどのようなシフトにしたらよいのかや、人員配置をどうするのかなどの知恵が必要になります。その知恵は働く皆で決めていくことです。

※（　　は講師のA先生にご回答をいただいたものです。）

　このようにたくさんの意見が寄せられました。「ユニットケア」が目指す方向性への共感の声がある一方で、現状を踏まえたうえでの「ユニットケア」に対する疑問、不安の声も多く聞かれました。
　これから「ユニットケア」を導入しようという現場からの声は、今回の勉強会に限らず、各地の講習会、報告会などで、「ユニットケア」に取り組み始めた多くの現場関係者からも聞かれる声でもあります。高齢者介護の世界に起きている大きな変化、その流れに加わることは、その過程で生じる疑問や不安を共有していくことでもあるのだなと、改めて感じました。
　今後は皆さんが抱える疑問や不安を共有し、勉強会に限らず、よりいっそう情報交換、意見交換を行っていける準備室でありたいと思っています。皆さんからのご意見、ご要望お待ちしています。

Case Study 10

ケース・スタディ

　［Vol.3］の冒頭では、この時点における進捗状況が報告されています。また、勉強会開催後に寄せられたアンケート内容も同時にまとめられています。
　ここに掲載されたアンケート結果は、単なる事後記録にとどまらず、この勉強会に参加していない人たちへの働きかけとしても役立っていると思います。

ユニットケア準備室だより　VoL 3

発行責任者：○○　○○　　　発行日：平成○年○月○日

　準備室だよりも3回目となりました。とはいっても、一向に工事も始まる気配もなく、いったいいつまで準備をしているのだろうかと、そろそろ心配になってきた方もいらっしゃることと思います。準備委員会議事録をご覧になった方も多いと思いますが、改めて現在の進捗状況をこの場でお伝えしておきます。
　開設予定の目標は10月、前回の準備室だよりで簡単な平面図をご紹介しましたが、ほぼ平面図どおりに図面は出来上がり、先日晴れて県の審査をクリア。去る15日には入札の結果、工事業者も決定。今月末には10月開設に向けて、工事の具体的段取りが組まれるとのことです。
　進んだのか進んでないのか、現時点では微妙なところですが、いずれにせよ、次の準備室だよりをお届けするころには工事も始まり、皆で騒々しい夏を迎えることでしょう。
　続きまして、5月19日にA先生を迎えて行われた勉強会の報告です。「ユニットケアのあらまし」をテーマに、1階デイルームにて行われ、38名の職員の方々にご出席いただきました。当日の内容はビデオにも収めてありますので、貸し出し希望の方は準備室までお申し出ください。以下、前回に引き続き、当日のアンケートに寄せられた意見、疑問に対してA先生からご回答をいただきましたので紹介します。

1．もっと聞きたかったことはありますか。

- もう一歩踏み込んでもっと細かい部分まで聞きたかった。老健と特養の違いがほとんどないと言われていましたが、（施設の方針も職員の意識も含めて）やっぱり違うと思います。どうなのでしょうか。
  → 違うと思われるところを次回はぜひ教えていただきたいと思います。施設方針は国が決めるものでもなく、政策が決めるものでもありません。皆さんで決めることですので、ぜひどんな施設にしたいか意見交換をしましょう。
- チームアプローチ、各ユニットの独自性、シフト作成、外出の自由、勤務時間の決定、スタッフにやる気をもってもらうための仕掛け、研修の実施などについて知りたい。
  → 具体的なお話は、まずどんな施設にするかで変わります。次回の勉強会でそのあたりの話し合いをしましょう。
- ユニットケアに取り組むなかで職員がいちばん戸惑う点、困った点、そしてそれをどう克服できたか、自分に合わないとやめていくのは仕方ないですが、実際どんな職員が残っていったのか、職員の生の声も聞いてみたいです。

- 毎日課題や悩みと葛藤しました。それは人の生活を支える仕事ですから当然ある話です。ですからこのことで嫌になったことはありません。皆で話し合いながら決めればよいことです。同じ現象でも十人十色、いろいろやり方はあり、決まった答えはありません。が、一番知恵を使ったのはその答えを全体でどう共有して働く場をつくっていくかということです。ですから、現実を直視せず、他のせいにしていく人たちは残念ながら仲間の輪から外れていきました。
- 老人のケアでは転倒事故や怪我など、安全への配慮が必要だと思われますが、段差をなくすとか手すりをつけるなどのほか、ハード面での工夫があれば教えていただきたいと思います。
  → コンクリートの上にじかに床シートを張るのではなく、家庭のように床上げし、フローリングを張ると骨折ははるかに少なくなります。それとその個人に合った福祉用具の使用も効果的です。
- 職員の24時間の仕事の流れについて最も興味をもっています。具体的にはどんな働き方になっていくのでしょうか。
  → この答えは施設方針と関係します。皆さんとともに決めていけばよいことと思います。「こうしなくてはならない」のではなく、「どのようにしていくのが、入居者と働く自分たちにとっていちばんよいのか」という視点で考えていけばよいと思います。そして、今はできなくても、徐々にできていくこともあり得ます。

2．次回の勉強会に望むことがありますか。

- 実際ユニットケアに取り組んでいる施設を見学したいです。ビデオやスライドからだけでは見えない部分もあると思いました。
- 職員の反応は何となく他人事のようにとらえている感じを受けました。自分たちが取り組むという意識が自分も含めてあまりもてていないように思います。実際何をどう変えていくか、具体的な研修を続けて進めていったほうがよいと思います。
- 現在、準備委員会で話し合われた内容が全員に伝わるように考えていただければよいと思います。
- 総論はだいたいわかりましたので各論に入ってほしいと思います。実際に生じた問題点や、それをどのように解決していったのかなど、具体的な話が聞きたいです。
- 介護技術などの勉強会もあればよいなと思います。

＜講師からの意見と感想＞
　ユニットケアには「こうでなければならない」という決まりはありません。とにかく入居者がその人らしく暮らしていただくためにはどうしていくか、皆で話し合い、方向性を決めたうえで具体的に取り組めばよいのです。ただ、その方法論をどうしてよいのかがわからない方が多いのだと思います。そこで、そのエキスを私がお伝えしますので、ぜひわからないことをどんどんお話していただきたいと思います。

Case Study 11

先に紹介した[Vol.1]と[Vol.3]で施設内の勉強会に関する記事を取り上げているのに対し、[Vol.4]では、施設外の「ユニットケアリーダー研修」に参加した職員による報告が掲載されています。

施設外研修の場合、すべての希望者が参加できるときは限りません。その意味では代表者が準備室だよりをとおして報告し、職員に意見を述べるということは、とても貴重な機会となるはずです。

ユニットケア準備室だより Vol.4

発行責任者：○○ ○○　　発行日：平成 ○年 ○月 ○日

紫陽花がきれいに咲き誇っています。梅雨が明ければ暑い夏がやってきますね！
今回は準備室長が「ユニットケアリーダー研修」にオブザーバーとして参加しましたので、その報告をさせていただきます。

日時：平成 ○年 ○月 ○日（○）～ ○月 ○日（○）
場所：○○県○○市○○センター

この研修は厚労省が主催し、認知症介護研究・研修東京センターに事業委託されているものです。なぜこの研修が国の事業として行われているかというと、国は「正しいユニットケア」を推進していこうとしていることと、ユニットケアをしていくには決まったマニュアルがあるわけではなく「知恵と工夫」が必要なため、その気づきを得てもらうために行っています。施設長を対象にした「管理者研修」と現場のリーダーを対象とした「ユニットケアリーダー研修」の二本立てで、これから新型特養を運営しようとしている施設を対象に、都道府県の推薦を経て、参加することができます。

さて、研修は全国より24名の参加がありました。ユニットケアをすでに開設しているところが半数、残りが今秋開設予定というもので、座学3日間、実習5日間のスケジュールのなか、座学に参加し、熱気あふれる3日間でした。主な内容を報告します。

＊1日目1限　「ユニットケアの理念と意義」　厚生労働省
「個別ケアを実現するための手段がユニットケアであり、ハードウェアとソフトウェアが相まって効果を発揮する。」ことが述べられ、既存特養の個室、準個室整備改修支援の報告がなされ、これからは既存施設の個室・ユニット化が推進されるとのことでした。

＊1日目2限　「ユニットケア導入の過程」　先進施設からの報告
ユニットケアの導入から現に至るまでの経緯が説明されました。これは、まさに今の準備室として機能するうえで大きな指針となりました。

＊2日目　「ユニットケアの具体的方法」
高齢者の生活の流れに沿って自分たちはどうサポートしていけばいいか学び、現状との比較もし、どうあるべきかを演習しました。研修生の不安や悩みが、ユニットケア先進施設の講師とのやり取りでずいぶんと解消されたのではないかと思いました。講師の先生の話を聞いていて、どこの施設も話し合いを重ね、工夫を凝らして、そして、軌道に乗るまでにはかなりの月日を要するということを感じました。

3日間の学びを終えての率直な感想は「簡単にはいかないぞ」と思いましたが、時代のニーズに応えるには皆で踏ん張るしかないのではと実感したりもしました。皆でいいやり方を見つけるには、ミーティングしかないことも！

ユニットケア棟開設にあたり、組織、体制の話は次回にして、今回は現場がどう機能すればいいのか感じたことを報告します。（介護技術はあることを前提としています）

1. 業務マニュアル優先ではなく、入居者の生活優先である。そのためにケアの理論は存在するが、勤めの一定の決まりごとはない（その都度考えて接する。時間軸に入居者を当てはめない）。
2. 待つこと、見守ること（入居者それぞれの意思と自己決定を最大限尊重するため）。
3. とにかく話し合う（情報の共有、意識の統一は話し合いから）。
4. 工夫する（ユニットごとのカラーを出そう）。
5. 職員が元気であること（関わりをもつ職員の笑顔は絶対の条件。悩みは抱えず、相談しよう）。
6. 研修会への参加（正しい知識の獲得）。
7. 理念を遂行しよう（理念を絵に描いた餅にしていないか、ときには振り返ろう）。
8. あせらず、ゆっくりゆっくり。

今度の研修を受けて、当たり前のことが当たり前として機能していくことがいかに大切か、そして、難しいかを痛感しました。

「ユニットケアにマニュアルはなし。職員それぞれが人として利用者と正面から向き合う。そこから生じる喜びもまた格別のことだと思う。しかし、すぐにそのような結果は期待できないと思います。生みの苦しみ、育てる楽しさを味わうためには信念をもってやるしかないようです。

私たちの仕事は、人の生活を支える仕事です。長年、生きてこられた人一人の人生を考えると（自分自身に置き換えると）、出来得るなら、最期まで自分の思うように生き抜きたいですよね。私自身が自分の母親を通して経験したことですが、もう無理だと思っていたことが、ちょっと環境を変えると思いもかけないことができるものです。（その人がもっている底力の発揮）そういう場面に出会ったときの喜びは半端なものではありません。そのとき、母親と共有した喜びと母親が見せた笑顔は一生忘れることのできない思い出であり、親が子供に残した教えでもあります。

私たちの施設でもそんな場面をいっぱい見たい。皆で喜び合いたいという思いで私はここに職を求めました。ユニットケアに限らず、人が人に接するにあたり、皆で話し合うことは当然のことと思いますが、話し合うということは、それぞれが考えて自分の意見を述べ合うことです。管理者の一方通行では話し合いにはなりません。皆さんどうぞ意見を出してください。

講師のA先生が勉強会で「それは、その都度話し合って決めること、皆で話し合うしかない」とよく言われますが、その根拠を今回の研修で学んだ気がします。

これから、3階部分の工事が始まり、いろいろなことが具体化していきます。それに伴い話し合う機会も多くなります。皆でつくりあげる施設です。皆さんの熱い思いをたくさんいただきたいと思います。

なお、ユニットケアリーダー研修のカリキュラムを別添資料としてお配りします。質問などがありましたら、いつでもお気軽にお寄せください。

方法―3　「準備室だより」をつくる

Case Study 12

［Vol.6］には工事の状況のほか、職員採用試験に関する記事と、家族や事業所に向けた説明会開催の予定に関する記事が掲載されています。

このように、準備室がどのような役割を担い、具体的にどんな活動をしているのかを報告していけば、ユニットケアの導入に向けて今どこまで進んでいるのかが明確に職員へと伝わっていくのです。

ユニットケア準備室だより　Vol.6

発行責任者：○○ ○○　　発行日：○年○月○日

長いような、短いような。どちらとも思える密度の濃い熱気に満ちた8月が過ぎていきます。9月。まだまだ暑さは続きますが、準備室の役割はそろそろ終わりを迎えようとしています。やがて来る10月。実践の時はもうすぐそこです。

＊職員採用試験
○月○日付けの朝刊。その折り込み広告から始まった職員募集は約40名の応募者を集め、○月○日、そのうち36名の受験者を対象に職員採用試験が行われました。試験内容はグループ面接のほかに、筆記でも作文でもなく、グループワークが行われました。
「自分が認知症になったとしたら、どのように感じるだろうか。そしてそのとき、自分はどのようなケアを受けたいか」。受験者は以上の2点をテーマに、6人ずつのグループに分かれて話し合い、最後にグループごとに発表をするといった形式のものでした。そこで試されるのは、一人ひとりのものの考え方、さらにはグループの調和を保ちつつ、自分の考えを表現していく力でもあるとのことです。
グループワークに続いては、今度は5名ずつでのグループ面接が行われました。実際の現場での事例に基づく、かなりきびしい質問が飛び交ったとのこと。
以上、13時から18時まで、都合5時間の試験を経て、○月○日、採用者が決定となります。採用は○月○日からの予定です。

＊工事状況
9月を迎え、3階工事のほうも先が見えてきました。区画の設置、配管工事も終了し、内装、建具の取り付け、仕上げの段階に差しかかってきたとのこと。3階工事現場の風景も、出来上がりの姿をイメージできるようになってきました。7月からの突貫工事もあともう一息といったところです。今月中で工事も終わり、10月上旬にもろもろの検査が完了すると新居での新しい暮らしが始まります。

＊3階説明会
すでに掲示にもありますが、○月○日、現在当施設を利用されている方々のご家族、市内の居宅支援事業所を対象に、3階開設にあたっての説明会が行われます。現在24の2階の入居者・ご家族から参加の希望があり、40を超える事業所、35のデイサービス利用者・ご家族に説明会の案内を配布しました。当日の参加人数は未定ですが、職員採用、工事と並行して、実際に3階で過ごす入居の方も、この説明会を機に正式に決まっていくことになりそうです。

なお、ここで紹介したのは実際につくられた準備室だよりではありますが、あくまでも参考に過ぎません。例えばこのほかにも、国や都道府県の施策を解説したり、ユニットケアに先進的に取り組んでいる施設を紹介したりと、さまざまな紙面づくりが考えられます。その意味では、施設の成熟度やユニットケアの理解度によって、記事は大きく変わってくるといえるでしょう。

4　作成の留意点

　準備室の職員は決してプロの新聞記者でも編集者でもないのですから、準備室だよりの作成にあたって必要以上に時間をかけたり、身構えたりすることはありません。原稿作成からできあがりまでに2～3日もかければ十分だと思います。
　ですから、仕上がりもＡ4判の用紙で2～3枚程度。あまり多すぎても、読むほうがつらくなってしまいます。
　では、実際に原稿をつくる際のポイントは何なのでしょうか。
　四つほど紹介してみましょう。

1 誰に向けてつくるのかを常に意識する

　準備室だよりの読者は、作成する側と同じ施設の職員です。その意味では同じ目線で、同じ言語でまとめていけばよいと思います。論文を書くわけでもなければ、教科書をつくるわけでもないのです。
　必要以上に専門用語を並べ立てたり、小難しい理論を書き連ねたりすることはありません。ですから原稿も「～である」という文体ではなく、「～です」「～ます」といった話し言葉の調子で書けばよいのです。

2 事実と感想とを区別する

　メリハリがついている文章は、読んでいて惹きつけられるものです。だからといって、初めから見事な文章を書こうと思う必要はありません。強いて秘訣を挙げるとすれば、客観的な事実と自分の感想とをはっきり区別して書くことです。
　特にケーススタディで取り上げた施設内外の勉強会・研修会に関する記事では、事実と感想とを分けて書かないと、そこに参加していない読者にとっては何が何やらわからなくなってしまいます。
　また、その感想をまとめる際も決して独りよがりであったり、強引な誘導であったりしてはなりません。今流行の"ブログ"ならばともかく、準備室だよりの目的は施設職員へ向けた情報の発信と提供なのです。

3 見やすさに配慮する

　仕上がりの用紙サイズから始まり、文字の大きさや書体、白黒印刷なのかカラー印刷なのかなど、読者の立場に立って見やすさに配慮することも大切です。

　例えば、文字だけがびっしり詰まった印刷物では、とても読む気がしないでしょう。そこで長い文章のところどころに小見出しをつけるなどして区切っていけば、それだけで見た目も変わり、少しは読みやすくなるものです。

　また、事実と感想とを書き分ける際に、感想の部分だけを四角で囲んだりすることも紙面づくりにあっては一つの工夫といえます。

4 発行責任者を明示する

　準備室だよりを発行するのは文字どおり準備室の役割です。その準備室というのは、決して自然発生的にできあがったものではなく、組織のなかで正式に位置づけられた部署になります。その意味では、紙面のなかにきちんと発行責任者を明示して、施設内の正式な発行物とすることが重要です。発行責任者としては施設長もしくは法人の理事長が適当といえます。

　また、発行責任者を明示するからには決して名前だけの存在であってはなりません。文字どおり、発行することに責任をもつことになるわけですから、印刷にかかる前の原稿作成段階で必ず内容を確認してもらうようにしましょう。

　この確認をとる作業というのは、施設側と準備室側のそれぞれに意味があることなのです。つまり、施設側からすれば準備室が独走しないようにするための仕掛けであり、一方準備室側からすれば、施設の責任者からお墨付きをもらった証明になります。

5 配布の方法

　準備室だよりについていえば、掲示板への掲示ではなく、職員一人ひとりに配布するようにしてください。

　掲示板へ掲示することのデメリットの一つとして、発行ごとの貼り替えが挙げられます。つまり、新しい準備室だよりが発行されれば前号は必ず掲示板から姿を消すことになります。そうなると、前号は、準備室の職員以外だれの手元からもまったくなくなってしまうのです。それでは職員一人ひとりの蓄積になっていきません。

　例えば、第3号が発行されたときに関連した記事が第1号に載っていたとしても、読みたいその人の手元に第1号はないのです。また、掲示板に向かって立ったまま読むのではなく、家に帰ってからゆっくり読みたいという職員がいるかもしれません。そうした人たちにとっては本当に不便であり、効果がありません。

　準備室だよりは掲示板への掲示物と違い、一方向ではない双方向型の情報伝達手段であることはすでに述べました。単純な告知や案内ならば掲示板への掲示で十分効果が図れますが、準備室だよりに掲載する内容は、もう少し時間をかけて読んでほしいものなのです。

　さらに、準備室だよりがもつもう一つの役割に準備室と施設職員との密なる関係づくりがあります。その意味からいうと、読む読まないに関係なく、すべての職員に行き渡らせることが大切になります。実際に手にし、目にするところから関係づくりは始まっていくのです。一人でも多くの職員に働きかけ、ユニットケアの導入に向けてその職員を巻き込んでいくという仕組みをつくり上げるためには、準備室だよりは一人ひとりに配布していくことが重要になってきます。

　個人単位でメールボックスが設置されている施設ならば、発行時に必ずそこへ投入すればよいでしょう。たとえそれがなかったとしても、準備室から準備委員会のメンバーに渡し、そこから各現場職員へ配布してもらう仕組みをつくればよいと思います。

方法—4
記録に伴う書式・書類を作成する

施設において活用する帳票類は、大きく分けて次の2種類になります。

①組織運営に関する書類
　……入居契約書、物品購入書類、外出届など
②ケアに関する書類
　……入居者個人台帳、アセスメントシート、ケアプランシート、ケース記録（介護記録）、日報など

既存の施設がユニットケアに改修する場合、このうち①の帳票類はすでに揃っているわけですから、ユニットケアを導入するからといって改めて書式を見直したり、つくり替えたりする必要はないと思います。

検討の必要に迫られるのは②の帳票類、なかでも日々のケース記録（介護記録）といわれるものです。

表4-1をみてください。これは従来用いられてきた記録用紙です。

◎表4-1：従来のケース記録用紙の例

部屋番号		氏名	
日　時	特　記　事　項		記入者

一方、表4-2は新たに検討を行ったうえで作成された記録用紙です。

◎表4-2：入居者の行為を主体にしたケース記録用紙の例

部屋番号				氏名			
日時	入居者自らの行為	介護職員による生活支援	他者との関わり			健康	記入者
			家族	他の入居者	地域		

このような帳票類を作成し、用意することも準備室の役割の一つです。というのも、職員の募集および採用が終了してユニットケア導入に伴う新しいスタッフが完全に確定するのは、オープンの2週間から1か月前くらいになります。確定してからオープンまでの間には〔ポイント7〕で詳しく述べる研修等を新しいスタッフは受けることになりますから、それと同時進行的に帳票類を揃えるというのは物理的に不可能です。

したがって、あらかじめ準備室の職員がこれら帳票類も揃えていくことになります。

〔ポイント４〕でのチェック項目

⬇伝達すべき情報の種類と内容を整理する

- ☐ 1　職員に伝達すべき情報が整理できたか。
- ☐ 2　口頭による情報伝達のメリットとデメリットが整理できたか。
- ☐ 3　文字媒体による情報伝達のメリットとデメリットが整理できたか。
- ☐ 4　どんな情報を、どんな方法で伝達するのが効果的なのかを検討したか。

⬇掲示板やメールボックスを設置する

- ☐ 5　最も効果的な掲示板の設置場所を検討したか。
- ☐ 6　掲示板を常設することの意義を理解したか。
- ☐ 7　掲示板で告知するのにふさわしい情報の整理を行ったか。
- ☐ 8　メールボックスが果たす役割について理解できたか。

⬇「準備室だより」をつくる

- ☐ 9　準備室だよりを作成する意味が理解できたか。
- ☐ 10　タイミングよく準備室だよりを発行できたか。
- ☐ 11　施設職員に向けた情報の発信であることが意識されたつくりになっているか。
- ☐ 12　事実と感想とを区別して記事がまとめられているか。
- ☐ 13　見やすさに配慮した仕上がりになっているか。
- ☐ 14　発行責任者が明示されているか。
- ☐ 15　職員一人ひとりに行き渡るように、配布の工夫がなされたか。

⬇記録に伴う書式・書類を作成する

- ☐ 16　施設で活用する帳票類の整理ができているか。
- ☐ 17　ユニットケアの考え方に基づいてケース記録（介護記録）などを準備室が検討のうえ、作成したか。

ポイント5
入居者・地域に向けた情報の伝達

〔ポイント4〕では、施設内部の職員に向けて、どんな内容の情報を、どのような方法で伝達することがいちばん効果的なのかを考えました。そのなかで明確になったのは、ユニットケアの導入に向けた準備段階においては、現在どこまで進み、今後どのような方向に進んでいくのかを全職員が共通認識としてもつことが重要になるということでした。

同時に、既存の施設が改修という形でユニットケアを導入していく場合には、単に施設内部の職員にとどまらず、入居者本人およびその家族、また地域に向けても、新たな取り組みをわかりやすい言葉で説明していく必要があります。

同じ理念や内容を伝えるにしても、伝える相手が変わるわけですから、必然的に伝える方法やその際に用いる言葉も変わってこなければなりません。

従来から多くの施設では、パンフレットを作成したり入居者説明会を開いたりして自分たちの取り組みを広く発信してきたかと思いますが、ユニットケアの導入をめぐっては、特にどのような点に留意しなければならないのか。事例をもとに考えてみましょう。

方法—1
「パンフレット」をつくる

　オープンが間近に迫ってきたら、入居者や地域の人たちに向けてパンフレットの作成にとりかからなければなりません。多くの人たちに自分たちの施設を知ってもらうために、わかりやすく読みやすいパンフレットづくりを心がけていきましょう。

　また、パンフレットとは客観的な視点に立ってつくるものです。読み手は内部の職員ではなく、外部の人たちですので、それを十分意識したつくりを心がける必要があります。

　さらに、そうした視点でパンフレットづくりを進めていくことは、自分たちの施設の有り様を客観的にみて、今まで自分たちが行ってきたことや、今現在行っていることをもう一度見つめ直すよい機会にもなります。自分たちの施設が他人の目にはどう映っているのかをよく考たうえで、パンフレットの作成に取り組んでみましょう。

1　理念や目標のさらなる具体化

　パンフレットの冒頭にはその施設がもつ理念や目標を大きく載せて、パンフレットを手にした人たちの心をつかんでおきたいものです。

> ○家庭生活の延長の上にある施設づくり
> ○入居者の立場に立った援助
> ○その人らしい個別的な生活を支える

これらは、ユニットケアの導入に伴って掲げられる理念や目標としてよく見受けられるものです。〔ポイント１〕の意思表明の段階で施設長が掲げる理念というのも、これと似たような内容になるかと思います。確かにこれらは方向性としては間違ったものではありません。しかし、これらはユニットケアそのものを表現したものであって、その施設独自の理念や目標とは必ずしもいえないのです。
　最終の目的地を示すうえでは的確な表現かもしれませんが、すべての職員が日々働いていくなかで、いつも心に留めておくものとしては具体性に欠けている気がします。
　さらにいえば、各施設それぞれが違った地域にあり、違った居住環境を整備しているのですから、向かう方向は同じでも通る道筋は違ってよいはずです。にもかかわらず、あまりにも教科書的な目標や理念ばかりを掲げているというのはもったいない気がします。
　建物が完成し、施設全体としての形が見えてきたこのあたりで、最初に掲げた理念に基づいた、日々の心がけや指針となるような、その施設独自の具体的な目標や理念をつくりあげていきましょう。そうすることによって、ユニットケアそのものの理解もさらに進んでいくことになります。

　理念や目標を具体化する際には、施設内で勉強会を開催し、現場の職員たちにグループワークなどを行ってもらうようにします。入居者の立場に立つとは、具体的にどんなことをいうのか、その人らしい生活とは、別の言葉で置き換えるとすればどんな表現になるのかなど、ブレーンストーミング法を活用しながら、すでにある理念や目標をかみ砕いていく作業を行うのです。
　その作業がある程度固まったら、準備室で意見を集約し、理事会もしくは経営会議に諮ります。そしてそこでの決定を経て、正式な経営理念として打ち出されることになるのです。
　ここでも組織ラインを有効に活用するようにしましょう。こうした過程を経て具体化された理念や目標は、決してトップダウン的な押し付けのものではありません。と同時に、現場の独りよがりでつくられたものでもなくなります。ボトムアップ的な検討と決定機関による承認という、現場サイドと経営サイドとが相互に協力し合った形での合意形成がなされることになるのです。

　では、実際にパンフレット作成にとりかかるのは、いつごろの時期なのでしょうか。
　理論的には、ある程度建物が完成し、なおかつ施設の理念や目標をさらに具体化する作業が終わってからになります。見方を変えれば、これらの作業が終わらない限り、見やすくてわかりやすいパンフレットはつくれないということなのです。
　ただし、入居者や職員の募集を行う時期は建物が完成する前になるわけですから、この募集の時期には何らかの案内やパンフレットが必要になってきます。施設の理念や目標を具体化して、見やすくわかりやすいパンフレットが早い段階でできればそれに越したことはないのですが、それが難しいようであれば、速報版／簡易版のパンフレットを段階的に作成するのも現実的な対応といえます。
　また、入居者が実際に施設で生活を始めて以降の場面までを盛り込んだパンフレットをつくる場合もあるなど、パンフレットは多様な見せ方をすることが可能です。

2　パンフレットの中身

パンフレットのなかに必ず盛り込むべき内容は、おもに次の2点になります。

○どんな建物なのか
○そこでどんな暮らしができるか

Case Study 13　ケース・スタディ

　このパンフレットでは、フロア平面図を掲載することで建物の概観を示しています。従来の建物とは違うということが、この平面図からも理解してもらえるでしょう。

　同時に、【住まい】という項目を設けて具体的な生活単位（ユニット）を解説しています。イラストも活用しながら、できるだけ建物がイメージしやすいように工夫しているのが特徴的です。

起床・食事・入浴・リハビリ・余暇・就寝…

一律に決められた日課はありません

ゆったりとしたときの流れで
ありのままに自分らしく暮らせる場所
それが「○○○○」です

【住まい】
　3階ユニットケアは3つの生活単位（ユニット）で構成されます。1つの生活単位は居室とリビングからなる12人の住まいです。
　リビングには、食器棚、調理台、流し、冷蔵庫、炊飯器、電子レンジ等、暮らしの必需品を取り揃えております。
　居室には、使い慣れた家具や家電、思い出の品、お好みの衣類等々、ご自由にお持ち下さい。
　レイアウトもご自由です。

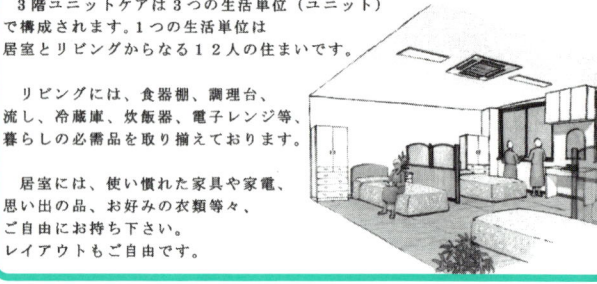

【食事】
　食事はリビングで召し上がっていただきます。ご飯はリビングで炊き、おかずを皆で取り分け、職員も一緒にいただきます。愛用の湯呑み、箸、茶碗、嗜好品など、ご自由にお持ち下さい。

Case Study 14

ケース・スタディ

どんな暮らしができるかについては、【食事】と【入浴】の場面を例として取り上げて解説しています。この文章は、「家庭生活の延長の上にある施設づくり」という大きな理念を具体的な生活場面に落とし込んで表現した内容になっています。

【入浴】

これまでのご家庭での暮らしと変わらない入浴環境を大事にしたいと考えています。
個人浴槽を各ユニットに1つずつご用意しましたので、それぞれのお好みの湯加減で、ゆっくりと入浴をお楽しみいただけます。

【サポート】

3つの生活単位に対応して、
スタッフもユニット毎の担当制となります。

顔馴染みのスタッフにより、
　ひとりひとりのこれまでの暮らしを大切に、
　　ひとりひとりのこれからの暮らしを支えます。

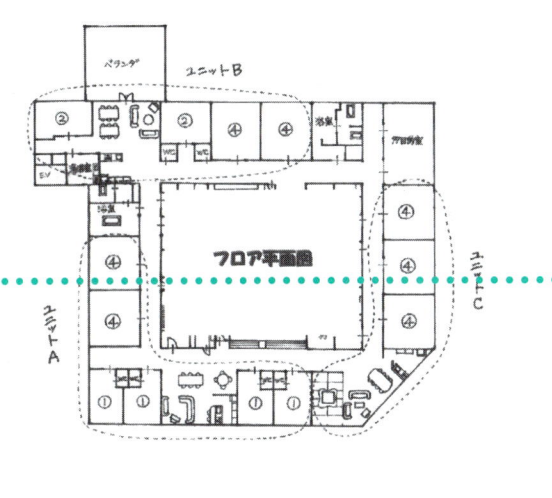

フロア平面図

方法―1　「パンフレット」をつくる

3 作成の留意点

　パンフレットとは、施設の利用希望者に対して自分たちの施設がどんなものであるかをPRするものであり、また地域の方々にも施設とはどんなところなのかを知ってもらうためのものです。
　したがって、多くの人に読んでもらい、施設について理解してもらう必要があるわけで、そのためには見やすくてわかりやすいパンフレットである必要があります。
　では、見やすくてわかりやすいパンフレットとは、どのようなものなのか？
　実例を示しながら考えてみましょう。

起床・食事・入浴・リハビリ・余暇・就寝……
3階ユニットケアに一律に決められた日課はありません

**一人ひとりのこれまでの暮らしを大切に
　　一人ひとりのこれからの暮らしを支えま**

住まい
　3階ユニットケアは3つの生活単位（ユニット）で構成されています。
1つの生活単位は居室とリビングからなる12人の住まいです。
　リビングには、食器棚、流し、調理台、冷蔵庫、炊飯器、電子レンジ等々、暮らしの必需品を取り揃えています。
　居室には、使い慣れた家具や家電、思い出の品、お好みの衣類等々、ご自由にお持ちください。レイアウトもご自由です。

食　事
　食事はリビングで提供します。
　毎食のご飯はリビングで炊き、
炊きたてのご飯と調理場から届くおかずを皆で取り分け、職員も一緒にいただきま
　愛用の湯呑み、箸、茶碗、嗜好品など、ご自由にお持ちください。

Case Study 15

ケース・スタディ

　施設における生活の主体者は、あくまでも入居者本人です。そしてパンフレットとは、入居を希望している主体者たるべき本人や家族に向けて作成されなければなりません。

　往々にしてみられる失敗は、「こういうケアをするんだ」「こういうケアがしたい」という、いわば援助者側の思いが強すぎる内容のパンフレットになってしまっている点です。主体が入居者であり、職員はサポーターであるならば、「こんなケアをしたい」ではなく、「こんな生活ができる」という表現である必要があります。

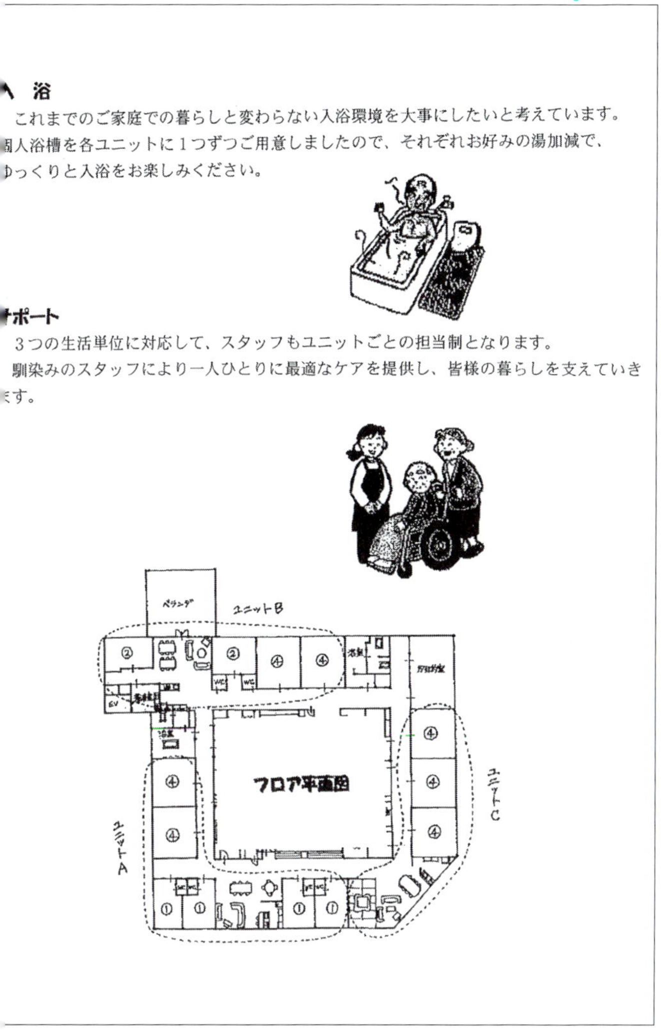

浴

これまでのご家庭での暮らしと変わらない入浴環境を大事にしたいと考えています。個人浴槽を各ユニットに1つずつご用意しましたので、それぞれお好みの湯加減で、ゆっくりと入浴をお楽しみください。

サポート

3つの生活単位に対応して、スタッフもユニットごとの担当制となります。
馴染みのスタッフにより一人ひとりに最適なケアを提供し、皆様の暮らしを支えていきます。

方法—1　「パンフレット」をつくる

Case Study 16

「ユニットケア」や「個別ケア」という言葉自体、一般の人たちはどこまで理解しているでしょうか。
　どこまで本質を理解しているかは別にして、多くの施設職員は「ユニットケア」や「個別ケア」という言葉を自分たちの言葉として用いています。専門職同士であればともかく、一般の人たちに向けてパンフレットを作成する場合には、日頃自分たちが使っている言葉そのものをもう一度吟味し、必要に応じてわかりやすい言葉に置き換える作業が必要となります。

……**ユニットケアにおける生活**……
ユニットケアとは、高齢者介護施設においてより深く個別ケアを追求するために考え出された手段です。ユニットケアを行うということは、生活のすべての場面において、入居者一人ひとりの個別性を最大限尊重し、その確立を追求していくことにほかなりません。
十人十色。世間では当たり前のこの言葉を、施設においても実現していくことが、私たちの願い、そして使命でもあります。
そんなユニットケア対応の三階フロアでは、初めから決められた日課はありません。起床、就寝、食事、入浴、リハビリ、レクリエーション。入居者の皆様一人ひとりの生活を、介護、看護をはじめとした各スタッフの専門性と皆様のご希望を織り交ぜて築き上げていくのです。

Case Study 17

ケース・スタディ

　これだけズラズラと文字が並んでいたら、ほとんどの人が読む気をなくしてしまうのではないでしょうか。

　パンフレットは多くの人たちに興味をもってもらえるよう、自分たちの施設に引きつけるための道具です。そのためには長い文章でダラダラと説明するよりも、簡潔で明瞭な言葉を厳選して用いるほうがずっと効果的です。

　パンフレットで興味をもち、もっと詳しく知りたいという方には、パンフレットとは別に作成する「入居案内」を配布すればよいでしょう。

…暮らしの風景……
まい
人からなる3つのユニット。
ニットごとに設定されたリビングを中心に、日々の暮らしの時間を提供します。
し、調理台、冷蔵庫、炊飯器、電子レンジ……。
ビングでは可能な限り一般家庭と変わらない環境をご用意いたします。
んな環境をもとに、入居者の皆様、ご家族の皆様と一緒に、
らに居心地のよい空間をつくっていきたいと考えています。
して居室には馴染みの家具やお気に入り、思い出の品をご自由にお持ちいただくこ
で、入居者の皆様、これまでの暮らしを継続して築いていくことが可能となります。
様一人ひとりにふさわしい住まいづくりを、しっかりサポートしていきます。

食事
則としてリビングで、ユニットごとに提供いたします。
来のトレーによる盛り切り方式ではなく、
皿の副菜をスタッフも交えたユニットの皆様で取り分け、
ビングで炊いたご飯と一緒にいただきます。
ビングでの楽しい食卓づくりのためにも、
後さまざまな食器を取り揃えていきたいと考えています。
様ご愛用の湯呑み、箸、茶碗はもちろんのこと、
かにもお気に入りの食器等々、いつでもご自由にお持ちください。

風呂
居者の方々それぞれの好みに合わせて、ゆっくりと入浴を楽しめるよう、
人浴槽を各ユニットに一つずつご用意しました。
人浴槽は、従来は特殊浴槽による入浴しか手段のなかった方でも、
般家庭と変わらない環境での入浴が楽しめることに加えて、
活リハビリ効果の点からも注目されています。
浴の曜日、時間帯など、皆様のご要望に応じて調整いたしますので、
つでもご相談ください。

…ご利用料金……
人部屋（6室・24床）従来通りとなります
人部屋（2室・4床）従来に加え、別途一日あたり 800 円の室料をいただきます
人部屋（4室・4床）従来に加え、別途一日あたり 1,600 円の室料をいただきます

4 配布の方法

パンフレットのおもな配布先としては、次の四つが考えられます。

○既存の入居者
○新規の入居希望者
○周辺の居宅介護支援事業者
○近隣住民

自分たちの施設はどの範囲までパンフレットを配布するのか。
また、どれくらいの予算がとれるのか。
それによって印刷部数が変わってきます。印刷部数が変わってくれば、手づくりでも対応できるか、それとも印刷業者にデザイン処理も含めて依頼したほうが効率的なのかが決まってきます。
ただし、この議論は建物の設計や建築場面と同様の話で、どこかの印刷業者に依頼するにしても、まったくの丸投げでは自分たちの理念は反映されません。原稿自体は準備室が中心になって完成させ、その原稿を業者にデザイン処理してもらい、印刷してもらう。このようなスタンスが求められます。

Column　コラム

　既存の施設が改修をしてユニットケアを導入する場合、そこには従来使用してきたパンフレットがあるはずです。その際、従来のものとはまったく違う理念や目標を打ち立ててパンフレットをつくり直してもよいものなのでしょうか。それとも、ある程度の整合性は図ったほうがよいのでしょうか。
　なかでもいちばん問題を複雑にするのは、ユニット部分とそれ以外の部分とが一つの施設のなかに並存する「一部小規模生活単位型」の施設の場合です。これを一枚のパンフレットで紹介しようとなると、あたかも新フロアのみ入居者の生活を大切にして、従来型のフロアはそうではないような印象を与えてしまいかねません。
　結論をいえば、施設の成熟度やその後の改修計画によって対応を変えるしか方法はないでしょう。ある施設では仕方なく、新フロアと従来型のフロアとでパンフレットを別にしました。

ところで、近隣住民にパンフレットを配布する理由としては、次の事柄が挙げられます。

○近隣住民との協力関係の構築
○こんな取り組みをしているという表明
○地域に開かれた拠点づくり

　近隣住民のなかには老人ホームや老人保健施設とはどんなところなのか、まだ知らない人たちもいるかもしれません。それだけまだ介護や老いに関する周知ができていない証拠とも考えられます。

　これが何年か後になれば状況も変化しているかもしれませんが、それでも礼儀として、新しい取り組みを始めるにあたっては挨拶もかねてパンフレットを配布したほうがよいように思います。自分たちが気がつかないなかで、施設は意外と地域住民に支えられていたりするものなのです。

　ただしその際にも、勝手に配ったりするのではなく、地域の実情に応じた対応が望まれます。例えば、自治会長を通じて配布してもらったり、一軒一軒に配布するのではなく、回覧板に付けて回してもらったりする方法などがあります。

　パンフレットを配るか配らないかは別にしても、ユニットケアの導入を一つの契機として地域における施設のあり方が見直されていけば、それも大きな成果といえるのではないでしょうか。

方法―2
「入居者説明会」を開催する

1　開催の時期と案内の方法

　入居者説明会は、おおよその目安として、オープンのどれぐらい前に開催するものなのでしょうか？
　既存の建物を改修してユニットケアを導入する場合、それまでの入居者を優先させるかどうかによってもスケジュールは違ってきます。施設の方針にもよりますが、多くの施設が既存の入居者を優先させて入居案内および手続きを進めていると思います。
　既存の入居者に対するお知らせは、施設長名による文書で行います。このお知らせは「これからこういうことを始めます」という内容ですから、施設長が意思を表明して以降、工事が始まる前までの間に行ってください。

VIEW POINT　施工業者の視点

　既存の施設がユニットケアの導入に向けて改修工事にとりかかる場合、入居者に対しては、私たち施工業者の側からも十分な配慮が必要となります。
　例えば、改修の程度によってはどこか違う建物に移ってもらったり、移らないまでも、工事に伴う騒音や振動などで、一時的にご不便をかけることも出てきたりします。
　また、朝・昼・晩の食事の時間帯にはあまり大きな音を出すわけにはいきません。さらには、複数階のうち一つのフロアのみ改修工事をする場合であっても、作業上、工事を行わないフロアに行かなければならない必要性も出てくることがあります。

　その意味でも、できるだけ早い時期にユニットケア導入のお知らせはすませる必要があります。
　そのうえで、既存の入居者に向けて正式な案内と募集を行うのは、建物の完成間近という時期になります。実際のところそれまでは内部が固まっていないのです。案内をかける前にまず職員を固めなくてはいけません。職員が説明できなければ、本人や家族からの問い合わせにも対応できないのですから。
　既存の入居者に対しては、入居を決めるまでに個別面談を行います。この面談はおもに生活相談員と看護師とがペアになって行うことが多いようです。施設の定員数にもよりますが、例えば30人定員の場合、入居者を決めるまでには1か月程度はかかるものと思われます。
　新規の入居者募集をかける前までに既存の入居者を決定しておかなければいけません。枠がいくつ残るかによって、新規の募集定員も変わってきます。それでもオープンの3か月くらい前には新規の入居者募集も終えておいたほうがよいでしょう。

◎資料：入居者募集の案内文書の例

　　　　　　　　　　　様
　　　ご家族の皆様　　　　　　　　　　　　　　　○○年○月　施設長　○○○○

　日頃は当施設をご利用いただきまして有難うございます。夏も本番を迎え暑い日が続きますが、皆様お変わりなくお過ごしのことと思います。
　すでに来設の際にご覧になった方も多いかと思いますが、開設から6年目を向かえる今年度、さらなる地域の要望にお応えすべく、新たに3階部36床を増床することとなり、10月の開設を目標に7月から館内改装工事が始まりました。現在ご入所の皆様には、工事に伴いご迷惑をおかけすることもあるかと思われますが、できるかぎり普段と変わらない生活をお過ごしいただけるよう、細心の配慮を尽くさせていただきますので、皆様のご理解とご協力をよろしくお願いいたします。
　開設から6年。その間には介護保険が導入され、社会での高齢者介護施設の在り様も、ずいぶん様変わりしてきました。ご存知の方もおられることと思いますが、特別養護老人ホームにおきましては、施設の中においても家庭的な雰囲気を大切にし、少人数で安心して過ごせる環境での個別ケアを目的とした「ユニットケア」が制度化され、新設、既設を問わずすべての特養がその導入に向け動き出しています。
　一方、老人保健施設におきましては、ユニットケアはまだ制度化には至っていません。しかしユニットケアの目的とすることは、特養と老健の制度的枠を越えて、すべての高齢者介護施設が目的とすべきことであるとの思いから、新たに開設する当施設の3階部には、制度に先駆けてユニットケアを導入する運びとなりましたことを、この場でご報告させていただきます。
　ユニットケア対応フロアの新規入所募集にあたっては、現在当施設をご利用の皆様のご希望を優先して対応していきたいと考えております。つきましては、現時点での皆様のご希望をお聞かせいただきたく、簡単ではございますがアンケートはがきをご用意いたしました。同封の3階ユニットケア紹介資料をご一読のうえ、ご回答をお寄せいただきますようお願い申し上げます。アンケートの回答にある説明会については、9月下旬に実際の3階フロアでの開催を予定しています。正式な日時が決まり次第、追ってご報告させていただきます。

◎資料：入居者説明会の案内文書の例

入居者説明会のご案内

〇〇〇〇〇〇
施設長　〇〇〇〇

拝啓

　皆様におかれましては、ますますご清祥のこととお慶び申し上げます。
　平素から当施設の運営に、ご支援並びにご協力を賜りまして厚く御礼申し上げます。
　さて、6月より当施設3階部分を小規模生活単位方式（ユニットケア）に改修増床（36床）工事を進めておりましたが、10月中旬をめどに完成の運びとなりました。つきましては、開設に伴い下記の日程で入居者説明会を開催いたしたいと存じます。
　お忙しい中、誠に恐縮に存じますが、万障お繰り合わせのうえ、ご出席賜りますようご案内申し上げます。
　また、入居ご希望等、関係の皆様にもご一報賜りましたら幸いに存じます。

平成〇年〇月〇日

敬具

記

日　　時：　平成〇年〇月〇日（〇）〇時〜〇時
場　　所：　〇〇〇〇〇〇1Fデイルーム
内　　容：　ケア方針の説明、フロアの見学
受　　付：　〇時〇分より
　　　　　　〇〇市〇〇　TEL 0000-00-0000
問合せ先：　事務室（〇〇）、ユニットケア準備室（〇〇）

以上

2　説明する内容

　説明会の進め方としては、自分たちの施設のつくりや目指す方向について、パンフレットやビデオなどを活用しながら説明し、最後に質疑応答で締めくくります。

　また、リビングと居室一部屋ずつぐらいに家具を揃えておき、実際に見学してもらえば、入居者や家族も説明されたことを実感しやすくなり、ユニットケアに対するイメージもはっきりすると思います。

　何しろこの段階では、入居者も家族も従来型の施設のイメージしかもっていないのです。その固定概念をいかにほぐしていくかが最大のポイントといえるでしょう。

　いちばんの刺激材料は、ユニットケアの制度化が国の方針なんだということを明確に説明することです。何よりも今現在、特別養護老人ホームに入居している34万人にものぼる要介護高齢者のことを考えれば、既存の施設においても、できる限り一人ひとりの個性と生活のリズムを尊重したケアを実現すべく努力を重ねることが求められています。その具体的な方策として、既存の施設でもユニットケアを導入していくことが重要な課題になっているということを、わかりやすく説明するのです。

　そのうえで実際の現場をみてもらうと効果的です。

　「本当に流しがありますでしょう」

　「食器棚もありますでしょう」

　「このテーブルにみなさんの茶碗が並ぶんですよ」

　「どうぞ好きな茶碗を持ってきてください」

　そうすると初めてこれまでと違うということを理解してもらえます。

　実際に説明会に参加された家族の反応というのは、まさに浦島太郎のようなものです。本当に信じられないという感じでしたね。この反応は、現場をみてもらわなければ生まれないものだと思います。このことからも、ユニットケアにおいて居住環境のもつ意味は大きいと実感できます。

〔ポイント5〕でのチェック項目

⬇「パンフレット」をつくる

- ☐ 1 　必要に応じて、入居者や職員を募集するために、早い段階でのパンフレットを作成したか。
- ☐ 2 　どんな建物で、どんな暮らしができるのかが盛り込まれているか。
- ☐ 3 　入居(希望)者やその家族にとってわかりやすい言葉でまとめられているか。
- ☐ 4 　簡潔で明瞭な言葉や表現を用いているか。
- ☐ 5 　大きな理念を具体的な生活場面に落とし込んだ内容になっているか。
- ☐ 6 　援助者の思いが強すぎる内容になっていないか。
- ☐ 7 　見やすさに配慮した仕上がりになっているか。
- ☐ 8 　施設の中にユニット型と従来型とが併存する場合、必要に応じて個別にパンフレットを作成するなど、施設の成熟度や改修計画に対応した方法を工夫したか。
- ☐ 9 　印刷する部数や配布する範囲に基づいて、作成方法を検討したか。

⬇「入居者説明会」を開催する

- ☐ 10　改修型の施設の場合、工事が始まる前に既存の入居者に対して、ユニットケア導入のお知らせをすませたか。
- ☐ 11　改修型の施設の場合、建物が完成する間近の時期に、既存の入居者に対して正式な案内と入居の募集を行ったか。
- ☐ 12　改修型の施設の場合、既存の入居者が入居を決めるまでに個別面談を行ったか。
- ☐ 13　新規の入居者募集をかける前に、既存の入居者を決定できたか。
- ☐ 14　入居者説明会では、パンフレットやビデオを活用しながら、施設のつくりや目指す方向を具体的に説明できたか。
- ☐ 15　リビングと居室一部屋ずつぐらいに家具を揃えて、実際に本人や家族に見学してもらえたか。
- ☐ 16　実際の見学が、本人や家族のユニットケアに対するイメージづくりにつながったか。
- ☐ 17　施設側の説明に対する本人や家族からの質問・意見に、適切に対応できたか。

ポイント6
職員の採用

　オープンの半年前ぐらいから、居住環境の準備と平行して、職員の採用も順次始めていきましょう。
　まずは準備室の職員から始めて、リーダークラス、一般職員と順々に採用していくことになるのですが、その前に、「これからどのようなケアをしていくのか」「どんなハードのなかで実際働くことになるのか」を検討し、その検討結果をもとに常勤・非常勤の割合などを十分シミュレートすることが大切になります。そして、実際にどれくらいの人員が必要になるのか、具体的な数字を出してから採用試験を行わなければなりません。
　そのためには、責任者である施設長などが研修会へ積極的に参加したり、先駆的な取り組みを行っている施設に見学に行ったりと、ユニットケアに関する見聞を十分広げておくことが、ここでもまた求められます。

段階—1
組織の形と人員配置をデザインする

1 ユニットケアを実践するための組織体制

〔ポイント1〕で解説した方法でユニットケアに関する十分な知識が得られたら、責任者である施設長が中心となって、施設の組織の形と人員配置を組み立てていきます。

施設にかかる経費のうちのおよそ半分、もしくはそれ以上を占めているのが人件費です。その人件費をうまくやりくりするためにも、その施設に見合った組織を組み立てることが大切になります。

ここでは、ユニットケアの実践に向けた一般的で効果的な組織の考え方について、ポイントをいくつか挙げてみます。

1 各部門を独立させ、専門分野として扱う

従来の施設では事務長が施設長に次ぐポストとして位置づけられ、介護の分野にまで権限を行使しているケースが多く見受けられました。介護を熟知している人ならばともかく、そうでない人の判断で介護実践が展開されると、かえって非効率のことが起こり得ます。

経理や総務のプロ、在宅介護場面のプロ、特養介護場面のプロ、調理のプロというように独立型の組織にすると、各専門分野は固有の知識と技術を発揮できるようになります。

2 ラインの人数をなるべく少なくする

報告・連絡・相談をスムーズに行うためには、なるべくラインがすっきりしていることが望まれます。例えば、入居者が外出するのに何人もの人間の許可が必要になるといったのでは、職員のやる気をそいでしまうだけでなく、本来的な意味での個別的な生活支援につながらない恐れがあるといえるでしょう。

3 規定上の職種を組織ラインとドッキングさせる

運営規定上、どうしてもポストを置かなくてはならない職種があります。例えば、生活相談員や介護支援専門員(ケアマネジャー)と呼ばれる人たちです。しかし、それらの人たちが介護現場と遊離しており、せっかくの専門知識が活かされないといった光景をよく目にします。

専門知識は現場で活用されてはじめて特化されるものですので、規定上の職種を組織に組み込むことをお勧めします。

4 成熟度により組織を変更する柔軟性をもつ

理想の組織図ができあがったとしても、そこに当てはめる職員が見つからないときがあります。また、今いる職員をユニットリーダーに育成していきたいなどというときも、その状況に合わせた組織を組む必要があります。そして、職員が育成されたときなど、変化が認められるときには、その変化に応じて組織も変更をしていくことが大切です。

以上の要素をまとめると、図6-1に示すような組織図を例示することができます。

◎図6-1：ユニットケアの実践に向けた組織図の例

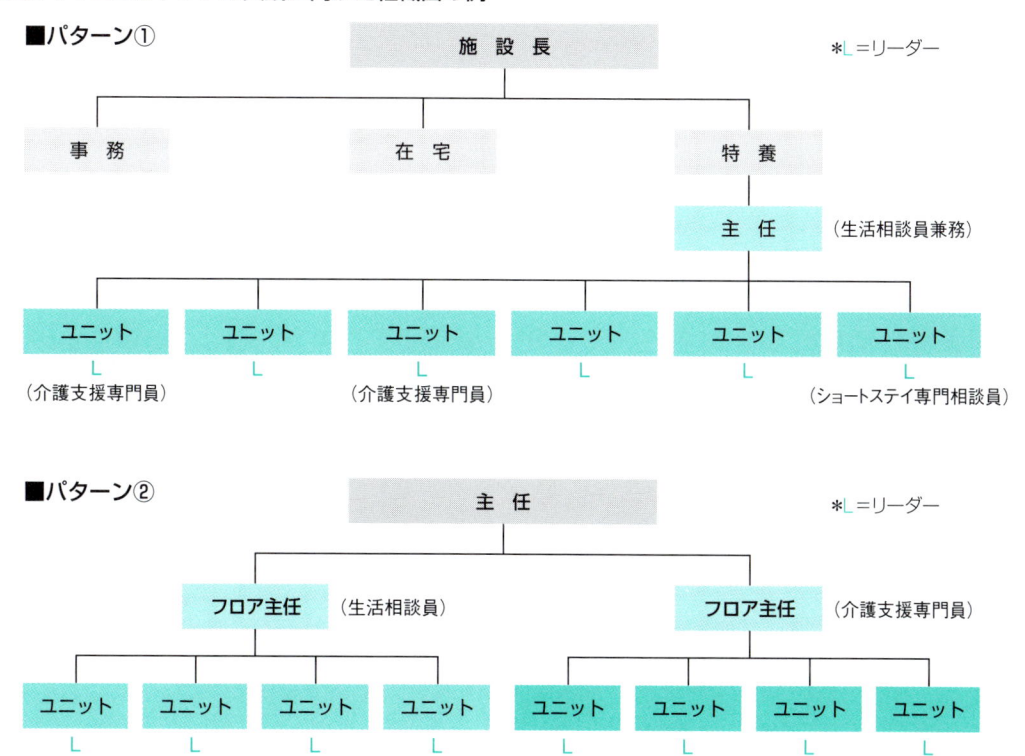

■パターン①

```
                    施 設 長                    *L=リーダー
          ┌────────────┼────────────┐
        事 務        在 宅         特 養
                                    │
                                   主 任    (生活相談員兼務)
                    ┌─────┬─────┼─────┬─────┬─────┐
                  ユニット ユニット ユニット ユニット ユニット ユニット
                    L     L     L     L     L     L
                (介護支援        (介護支援                    (ショートステイ
                 専門員)         専門員)                     専門相談員)
```

■パターン②

```
                      主 任                    *L=リーダー
              ┌────────┴────────┐
          フロア主任 (生活相談員)   フロア主任 (介護支援専門員)
          ┌───┬───┬───┐        ┌───┬───┬───┐
        ユニット ユニット ユニット ユニット  ユニット ユニット ユニット ユニット
          L    L    L    L         L    L    L    L
```

さらに、従来の組織からユニットケアを実践するための組織体制に変更するにあたっては、次の点を特に検討する必要があります。

●ユニットリーダー等をポジショニングする際に、どこから人をあてがうかが課題となります。一般的には既存の職員のなかからリーダーとしての資質をもち得る人材を抜擢することになりますが、そのときに大切になるのは、単なる牽引車的な性格にとどまらず、業務優先型といわれる従来の介護の考え方を引きずらない人をリーダーに据えるという視点です。

●施設全体でユニットケアを導入するのではなく、部分的に導入する、いわゆる併存型の施設の場合、従来型とユニット型のそれぞれに別の管理者を置く方法と、両者兼任した形で管理者を置く方法の二とおりが考えられます。
　別々の管理者を置く場合には、両者がまったく違う方向を目指すことのないように、意見や情報の交換を管理者レベルでも常に行う体制が組まれる必要があります。一方、両者を兼任する場合には、その人が特にユニットケアの本質を理解していることが大前提になります。

●従来のフロア主任とユニットリーダーの役割の相違を整理しておく必要があります。
　図からもわかるように、ユニットリーダーは一義的な業務となるケアの実施にとどまらず、入居者や家族に対する窓口としての役割も果たすことになりますから、これまで以上にコミュニケーション能力が求められることになります。さらには個別ケアが進んできますので、その細かな対応と職員に対するOJTの実施もユニットリーダーの役割になってきます。

◎表6-1：従来のフロア主任とユニットリーダーとの相違点

	受けもつ入居者の単位	受けもつ職員の単位	入居者および家族への対応
従来のフロア主任	25～30人	十数人規模	・生活相談員が対応する。
ユニットリーダー	10人	5～8人程度	・担当職員もしくはユニットリーダーが対応する。 ・担当職員が対応する場合には、指導を含めて把握しておくことが求められる。

2　職員の配置と勤務シフトの整備・工夫

　高齢者福祉施設、なかでも特別養護老人ホームの組織体系や具体的なケア内容、またさまざまな設備等は、「医療（病院）モデル」を参考にして形づくられてきました。例えば、〔ポイント3〕でも解説したように、従来、施設の照明設備の多くは病院にあるような天井埋め込み式であり、インテリアという発想にはつながっていませんでした。また、備品の高さも立位を基準にした医療（病院）モデルに基づいていましたので、入居者にとってはどうしても高いものが多かったようです。

　職員の配置やシフトの組み方も決して例外ではありませんでした。従来の施設では入居者数の収容に力点が置かれ、施設職員には、いかに効率よくその業務が遂行できるかが求められていたのです。

　図6-2はその典型例です。早番はおむつ交換から始まり衣服の着脱、そして洗面。9時からは日勤の職員も加わり、朝の体操と水分補給。10時には遅番の職員がおむつ交換を始める。

　この勤務表からは各時間帯に配置される職員の業務内容が一目瞭然にわかります。しかし逆の見方をすれば、職員のなすべき業務が時間軸で割り振られ、一日が組み立てられているともいえるのです。つまり、入居者にとっては、職員の都合で朝の目覚めや食事の時間が決まっていたとも考えられます。

◎図6-2：職員の業務を主体にして作成された勤務表の例

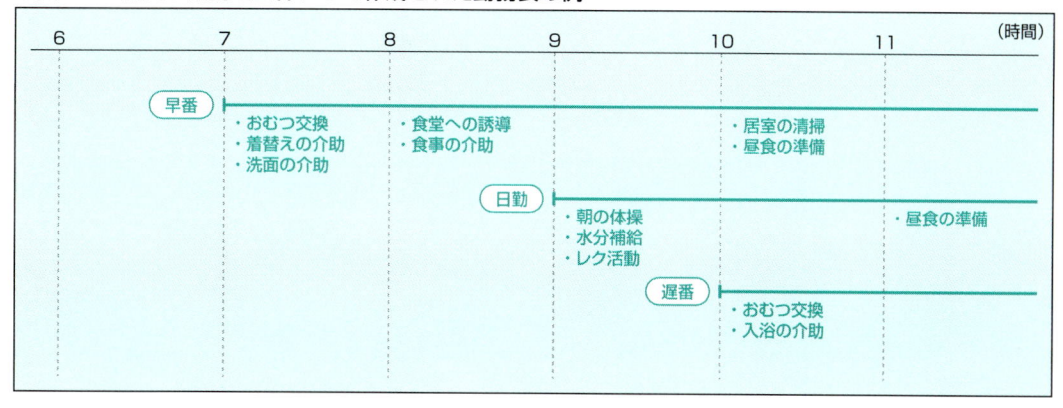

◎図6-3：準夜勤が組み込まれた形の勤務表

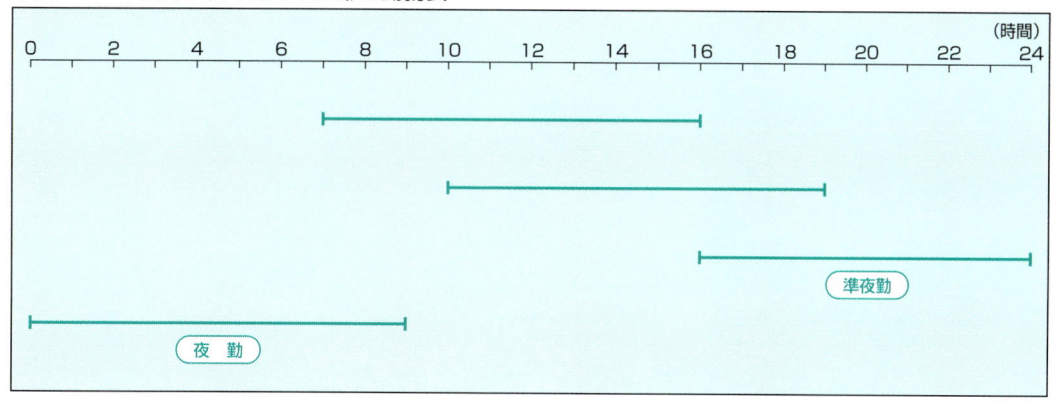

また、図6-3は、いわゆる準夜勤が組み込まれた形の勤務表です。準夜勤の多くは深夜0時からの勤務となりますが、これは日付が変わることを目安に職員が交代できる仕組みをつくっているだけであって、入居者の生活そのものに着目した勤務シフトとはいえません。

　ここでもう一度、ユニットケアの基本理念に立ち返ってみましょう。

> 「介護が必要な状態になっても、ごく普通の生活を営むこと」
> 「施設に入居した高齢者が、自宅にいたときと同じように、ごく普通の生活を営むことができるように支援していくこと」

　特別養護老人ホームをはじめとする高齢者福祉施設は、入居者個々の暮らしの継続が尊重される「住まい」として定義されていることがわかります。ということは、そこで働くスタッフはその暮らしをサポートする役割を担うことになります。それに伴って、サポートの仕方、言い換えれば職員の勤務体系も大きく変わらなければならないのです。

1 職員配置の考え方

　職員配置は、入居者の暮らしを考えながら組み立てる必要があります。かといって、配置できる人員と予算には限度がありますので、入居者の暮らしをイメージし、それをサポートするためには、どの時間帯にどのように人員を配置すべきかを具体的に検討しなければなりません。

　例えば、食事や入浴の時間帯は、他の時間帯より人員配置を手厚くするといったことが考えられます。また、それ以外の時間帯（早朝や夜間）などの人員配置についても、入居者の暮らしをサポートするという観点から職員の最適なシフトをどのように組み立てていくのかを考えてみましょう。

　以下に、具体的な検討のポイントを列挙してみます。

> ①入居者の暮らしを主軸にして、それをサポートする職員配置にする。
> ②入居者の生活リズムに沿った時間帯に職員の配置を合わせる。
> ③ユニットの個性を尊重するとともに、独自性も認めた職員配置にする。
> ④入居者やユニットの状況に合わせて、配置の変更が容易にできるようにする。

　ユニットケアにおいては、「入居者が起きている時間となる7時から21時までの、いわゆる活動時間に、最低1人以上の職員がユニット内にいること」というような、本当に基本的な約束ごとしかありません。従来のように、「この業務にあたっては職員が何人必要である」といった縛りがないのです。

　したがって、職員の配置の仕方は、自分たちの施設がどんなケアを目指しているのか、またどんな居住環境のもとでケアを行っていくのかなどによって、千差万別、変わってきます。例えば、風呂場が各ユニットに1か所ずつあるケースと、フロアに1か所あるケースとでは、必然的に職員配置の考え方が違ってくるわけです。

　そのような面も含めて、もう一度、自分たちの施設の職員配置について、具体的に検討してみてください。

2 シフトのつくり方

ユニットケアの導入は、流れ作業的なケアや、職員間の連携が不十分となりがちな縦割り・分業体制から脱却することも目的としています。入居者一人ひとりと職員が正面から向き合い、なじみの関係をつくるには、固定した職員を生活単位としての各ユニットに配置し、生活単位と介護単位との一致を目指す体制が前提となります。

そうした前提に基づいて、ユニットごとに勤務シフトを作成することになりますが、その際には、次のような手順で作成してみてください。

①24時間の時間軸をつくる。
②時間軸に幅をもたせて入居者の暮らしを書き込む。
③入居者の暮らしの各部分で職員が何人必要かを書き込む。
④その人数を基本にシフトを組む。
⑤8時間労働のシフトや、スポットでよいシフトなど、いろいろ組み込む。
⑥日勤帯に人手を多くする工夫をする。
⑦ユニットごとに独自にシフトを組み、変更可能なものとする。

◎図6-4：勤務時間表の作成例

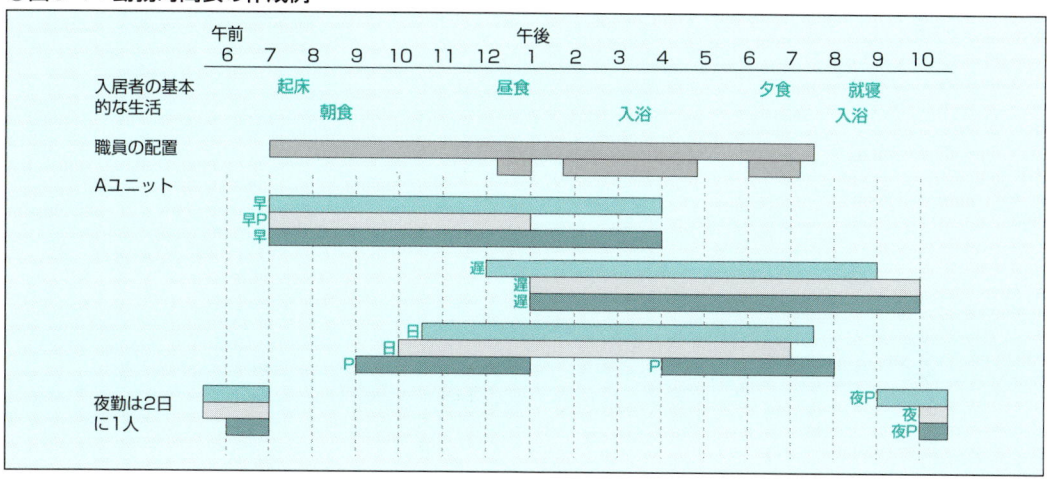

図6-4はあくまでも一例です。ユニットケアの場合、「シフトの組み方はこうでなければならない」という一律の決まりはありません。何とおりもの考え方があります。図6-4でいえば「早番」「遅番」などの形態ごとに何種類かの勤務パターンを組み込んでいますが、職員休暇の関係や施設内での行事の有無、またユニットの状況などによって、それぞれあるパターンのなかから最適な勤務シフトを組み立てていけばよいのです。

ある施設では、表6-2として示したように「早番」「日勤」「遅番」「夜勤」のタイプごとに30分刻みの勤務時間帯を何とおりも用意し、これらの組み合わせでもって勤務シフトを組んだりしています。

◎表6-2：勤務時間帯の作成例（常勤職員の場合）

【早番】	【遅番】
6:00〜15:00 6:30〜15:30 7:00〜16:00 7:30〜16:30 8:00〜17:00	11:30〜20:30 12:00〜21:00 12:30〜21:30 13:00〜22:00 13:30〜22:30
【日勤】	【夜勤】
8:30〜17:30 9:00〜18:00 9:30〜18:30 10:00〜19:00 10:30〜19:30 11:00〜20:00	21:00〜7:00（休憩2.0h） 21:30〜7:00（休憩1.5h） 22:00〜7:00（休憩1.0h） 22:00〜7:30（休憩1.5h）

　なお、新たにユニットケアを導入する場合、その準備段階では入居者はもちろん、職員の状況も判然としていないことがほとんどです。そのときは常勤換算で「2対1」の職員配置が原則となりますので、それだけの人員を確保しておくことをお勧めします。

◎表6-3：一般的な勤務シフト表の例

氏名	1 木	2 金	3 土	4 日	5 月	6 火	7 水	8 木	9 金	10 土	11 日
A	病	病	公	公	病	ユニット 病	病	病	病	公	公
B	公	○	—		公	▲		○	公	○	—
C		—	公			公	▲		—		公
D	▲	公	△	○			公			△	公
E			公	公						公	公
F	○		—		公	▲	PM年半	公	○	—	
G	—	公	公	△		公	○		—	公	
H		公	○			公			PM年半	公	○
I	△			公	△	AM介護		公	年	公	△
J			公	公		△	年				公
K			公	公						公	
L	公	△	▲	公	○	公	▲	▲	▲	公	
M		▲	公	▲	○	—		公	△	公	▲

Column

表6-3は一般的な勤務シフト表の例です。職員の名前が縦軸にあり、横軸には日付。そしてそれらが交差するマス目ごとに、早番、日勤、遅番などの勤務シフトが記入されています。

一方、表6-4はユニットごとに、早番、遅番、夜勤などの欄を設け、その欄に職員名を記入していくというものです。と同時に職員別の欄も設けてありますので、その個人がどういうシフトについているかも見られる仕組みになっています。

表6-4のメリットは、まず勤務に抜けができないということ、そして、早番、遅番などの勤務帯別に誰がついているかが一覧できるという点です。また、職員別の勤務状況が併記されていますから、二重のチェックも可能というわけです。

このように勤務シフト表についても、作成の工夫が円滑なケアの実施につながるといえます。

◎表6-4：工夫を加えた勤務シフト表の例

	日	1	2	3	4	5	6	7	8	9	10
	曜日	月	火	水	木	金	土	日	月	火	水
	行事			Aユニット M							Bユニット M
Aユニット	早番	A	C	F	D	E	B	F	D	A	B
	日勤	B	F	A	C	D	E	C	E	D	A
	遅番	E	B	C	A	B	D	A	F	E	E
	夜勤	D	-	E	-	A	-	B	-	C	D
	A		休			夜	休		休		休
	B		休					夜	休	休	
	C	休				休			休	夜	休
	D	夜	休	休				休			夜
	E		休	夜	休			休			
	F				休	休	休				
	早パ	G	G	H	H	G	G	H	H	G	G
	G			休	休			休	休		
	H	休	休			休	休			休	休
Bユニット	早番	M	K	L	N	I	J	M	K	J	L
	日勤	I	J	K	I	L	M	J	I	L	J
	遅番	J	L	M	K	N	I	N	L	K	I
	夜勤	-	I	-	J	-	L	-	M	-	N
	I		夜	休				休		休	
	J			休	夜	休			休		
	K	休				休	休	休			休
	L	休			休		夜	休			
	M			休	夜	休			夜	休	休
	N	休	休				休			休	夜
	早パ	O	O	O	P	P	P	O	O	O	P
	O				休	休	休				休
	P	休	休	休				休	休	休	

段階―2 職員を採用する

　組織づくりとそれに伴った人員配置が十分にシミュレートできたら、シミュレート結果に基づいて、職員の採用試験を実施します。施設オープンの時期を考えて、「準備室の職員」「リーダークラス」「一般職員」と時期を決めて順次採用していくことになりますが、予算に余裕がある場合は、いずれも早い段階から雇うようにし、研修等の教育にも時間をかけて、オープン前に十分な準備をしておくことが必要です。

　ただし、早い段階からの採用は、施設としては収入がない時期に多くの職員を雇うことになるわけですから、実際には予算との兼ね合いからも難しいというのが現実かもしれません。そうした負担を少しでも減らすためには、準備室によい人材を採用して、段取りよくユニットケアを導入していける環境をつくれるよう、最初の採用に力を入れることが理想的です。

　またそれが無理な場合でも、研修を効果的に実施することで負担を減らすことも可能になります。

　いずれにしても、いろいろな工夫を行うことで少しでも出費を抑える努力をしていきながら、効果的で効率的な職員採用に取り組んでいきましょう。

1　新規に職員を採用する場合

　新規に職員を採用する場合、その時期はポストによっても若干変わってきますが、一般的には次の事柄がポイントになります。

> ○採用試験の実施……採用通知発送のおよそ1か月前
> ○採用通知の送付……採用のおよそ1か月半前

　つまりトータルで考えた場合、採用試験は実際の採用のおよそ2か月半前には実施していなければならない計算になります。これらのことを念頭に置いたうえで、採用試験の実施時期と実際の採用時期を検討してみます。

1 「準備室の職員」の採用

まず最初に採用しなければならないのは準備室の職員です。ユニットケア導入の司令塔として、居住環境の設計や他の職員の教育などにも携わらなければならないポストなので、それ相応の人材を少なくてもオープンの10～12か月前には採用したいところです。

そうすると理論上は、オープンの12～14か月前には採用試験を行うことになります。ずいぶん早くからの段取りとなりますが、ここがしっかりすれば後の過程がずいぶん楽になりますので、特に力を入れてよい人材をみつけたいところです。

◎図6-5：準備室職員の新規採用までのスケジュール（例）

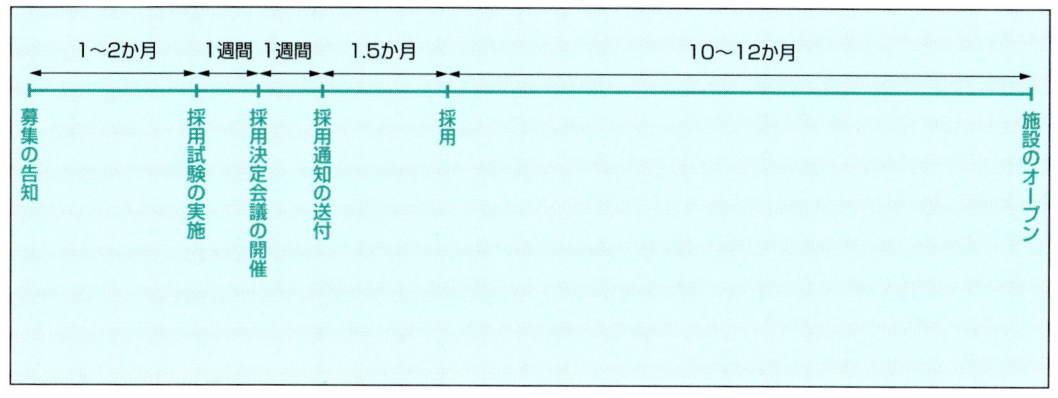

```
|←1～2か月→|←1週間→|←1週間→|←1.5か月→|←    10～12か月    →|
募集の告知  採用試験の実施  採用決定会議の開催  採用通知の送付  採用                    施設のオープン
```

2 「リーダークラス」の採用

次にリーダークラスの採用となりますが、準備室がしっかりしていて効率的にユニットケア導入の準備が進められるようであれば、オープンの1か月前でも十分間に合います。逆に準備室が自分たちのことだけで手いっぱいといった状況だと、2か月前には採用し、準備室の職員との協働作業で書類の整備など、いろいろとやってもらわなければいけなくなるでしょう。

ということで、試験を行うのはオープンの2～3か月前となります。

◎図6-6：リーダークラスの新規採用までのスケジュール（例）

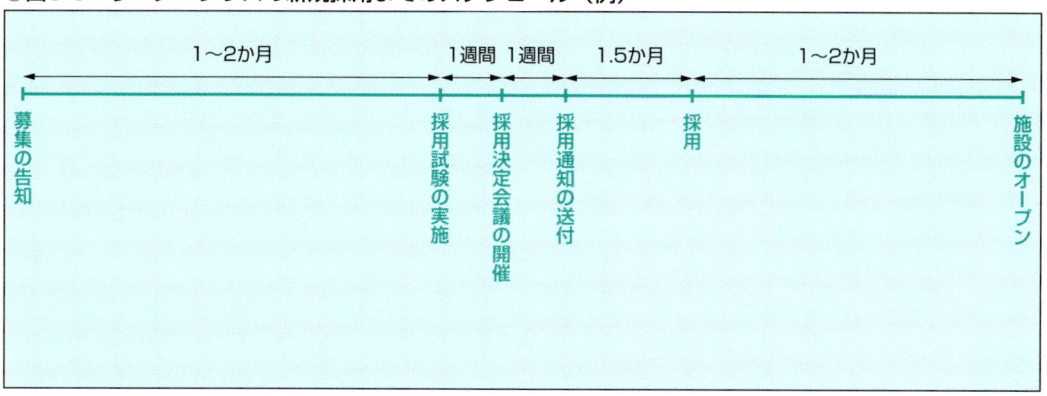

```
|←1～2か月→|←1週間→|←1週間→|←1.5か月→|←1～2か月→|
募集の告知  採用試験の実施  採用決定会議の開催  採用通知の送付  採用  施設のオープン
```

3 「一般職員」の採用

最後は一般職員の採用です。時期はリーダー採用と同じように準備室の動き次第で変わってきます。準備室がよく機能しているならばオープン2週間前の採用で間に合うと思いますが、理想的なのはオープン1か月前の採用です。

理論的にいえば、採用試験は、オープンの2か月半前ぐらいが適当です。

◎図6-7：一般職員の新規採用までのスケジュール（例）

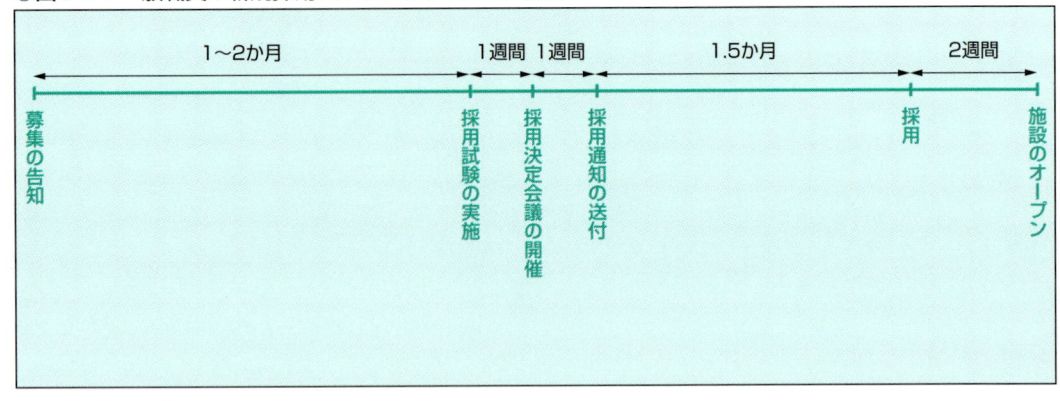

| 募集の告知 | 1〜2か月 | 採用試験の実施 | 1週間 | 採用決定会議の開催 | 1週間 | 採用通知の送付 | 1.5か月 | 採用 | 2週間 | 施設のオープン |

なお、新規に職員を採用する場合、必ず1→2→3の順序どおりに行わなければならないかというと、決してそうとは限りません。例えば、一般職員をかなり早い段階に採用し、研修を進めていく過程で適正と思われる人をユニットリーダーにしていくという方法もあります。さらには、準備室の職員やリーダークラスについては採用試験は行わず、紹介や推薦、場合によっては引き抜きといった形で集めるという方法も考えられるわけです。

加えて、新規の職員採用にあたり、いわゆる併存型の施設では、採用試験もユニットケア専任という形にせず、既存かユニットかのどちらかで働くことになるとして募集をかけて、既存の職員の要望に応えられるようにすることも大切です。

併存型の施設でいちばん大切なのは、ユニットと既存とを完全に切り離してそれぞれ別のものとして考えずに、お互いがよい刺激をもってケアに相乗効果が現れるような仕組みを残すことです。

いずれにしても、責任者である施設長は、自分たちの施設のユニットケア導入スタイルや成熟度、地域性なども鑑みて、どのような段取りで、どのような方法による採用が最も効果的で効率的なのかを十分検討する必要があります。

2 採用試験の方法と内容

これまで一般的に行われていた採用試験というのは、次の二本柱で構成されたものがほとんどだったと思います。

> ○一般教養を問うペーパーテスト
> ○志望動機などを質問する個人面接

これらは必ずしもユニットケアの特性を踏まえた採用試験とはいえません。言葉を換えれば、これらの試験は、どのような場面でも行われている一般的な方法です。

ユニットケアの導入に当たって職員を採用する場合に重要なのは、まず「ユニットケアとはどんなもので、自分たちはそのなかでどのようなケアを目指しているのか」を応募者に明確に伝えることです。そこで、〔ポイント1〕で紹介した意思の表明、これを今度は施設内部の職員に対してではなく、応募者に向かって行います。

応募者全員に「本当にそうした状況のなかで働く意思があるのか」「働ける自信があるのか」を問うところから始めると、応募者の意欲の有無も見分けやすくなりますし、実際に働いてもらってから「こんなはずではなかった」とギャップをもたれる恐れも少なくなります。

ペーパーテストや個人面接だけから、ユニットケアでの適性を判断することは、そう簡単ではありません。そこで効果的だと考えられるのが、次に挙げるような試験の方法です。

> ○集団面接
> ○グループワーク
> ○一定期間の現場実習

1 集団面接

　個人面接は文字どおり一対一のやりとりになりますが、この集団面接は5人程度を1グループとしたうえで、グループごとに会場に入り、面接官からの質問に対して順番に答えていくというものです。

　この集団面接は何よりも時間の短縮につながります。例えば、個人面接の場合、2～3分程度ではその人が何を考えているかまったくわかりませんから、1人あたり5～10分程度は時間をかけることになります。そうすると、5人ではおよそ40～50分はかかる計算になります。しかし集団面接であれば、20～30分程度で5人の意見が一度に聞けるわけですから、非常に効率的といえるでしょう。

　また、他の人の意見に影響されたり、一人で長時間答えたりしないかなど、個人面接ではみられないその人の特徴も、集団面接のなかからうかがい知ることができたりします。

2 グループワーク

　これは6～8人を1グループとしたうえで、一つのテーマについてグループ討議を行うというものです。集団面接とは違って順番に答えていくわけではありませんから、一人ひとりの特徴はより明確に現れやすいといえるでしょう。

　この人は目立ちたがり屋、この人は音頭をとるのがうまい、この人は控えめだけれども皆の意見をしっかりメモしているなど、参加者それぞれの個性が非常によくみえます。また、同じテーマであっても、グループによって討議の内容が違うのも興味深いところです。

　この集団面接のメリットは、参加者の個性がある程度わかることで、各ユニットに必要となるメンバー構成をイメージしながら採用できるという点です。つまり、まったく同じ性格の人ばかりを採用する必要はないわけで、「このユニットにはこんな特徴をもった人がいたら」というイメージをもとに採用するのには、いちばん効果的な方法といえます。

3 一定期間の現場実習

　「こういう場面ではこの人はどう動くのか」「こんなことが起きたらどんな対応をするのか」「入居者に対する言葉づかいはどうか」「どのような表情をしているか」など、文字どおり現場における動きをみて、その人がどんな人物なのか判断していく方法です。グループワークを取り入れた集団面接に近い形ともいえますが、こちらのほうが、より具体的でリアルです。

　期間的には1週間くらいかけると非常に効果がありますが、まだこの段階では応募者も仕事をもっているケースが多いでしょうから、その間の休暇や賃金をどのように扱うかが大きなネックとなってしまいます。そう考えると、現実的には実施は難しく、できたとしても1～2日程度かと思われます。

◎表6-5：グループワークにおける評価項目表の例

1 ユニットケアに関する総体的な理解	a b c d e	専門的評価項目
2 高齢者に関する理解	a b c d e	
3 暮らしの場と居住環境に関する理解	a b c d e	
4 個別的なケアのあり方に関する理解	a b c d e	
5 認知症に関する理解	a b c d e	
6 協調性	a b c d e	総合的評価項目
7 積極性	a b c d e	
8 堅実性	a b c d e	
9 表現力	a b c d e	
10 態度	a b c d e	
11 指導性	a b c d e	
全体的判定	a b c d e	
【承認印】	a b c d e	

理事長	施設長	準備室長	A B C D E
			【コメント】

3　採用の基準

　ユニットケアという言葉からもおわかりのように、まずは具体的なケアを展開するための前提となる介護技術は重要な採用基準の一つです。どんなに理念や意欲は熱いものをもっていたとしても、一定の介護技術を習得していないというのでは採用は難しいといわざるを得ません。

　そしてもう一つは、ユニットケアにおいては入居者の暮らしに基づいた個別ケアが主軸になりますから、介護職員が一人の個人としてどれだけ動けるかが重要な要素になります。したがって、職員自身が自律していなければなりません。

　と同時に、知識がなくて、今は動けないかもしれないけれど、この人はこんな価値観をもっているのだから、いずれは一人で動けるかもしれないという可能性を秘めている場合も考えられます。

　その意味では、その人がもっている価値観というものに注目することは非常に大切です。

　例えば、集団面接の際に次のような質問をするとします。

> ○糖尿病の入居者がいて家族がケーキを持ってきたときに、あなただったらどう対応しますか
> ○徘徊している人がいたら、あなたはどうしますか

　これらはいわば困った質問といえるでしょう。それに対してどう答えるか。その根底にその人の価値観があるはずです。

　決してきれいごとではすまされません。また、正解を求めるものでもありません。その人の価値観に基づいた独創的な発想をもっているかどうか、その点を見極めればよいのではないでしょうか。

4　既存の職員から採用する場合

　新たにユニットケア型の施設を新設する場合、また改修型の施設であっても既存の職員では賄いきれないような場合には、これまで解説してきた形で新規に職員を採用していくことになります。しかし一方で、改修型の施設のうち、既存の職員で十分にやりくりできる場合には、必ずしもこの限りではありません。

　例えば、準備室の職員です。準備室の職員はユニットケアの本質を理解し、なおかつ旗振り役が担える人材でなければならないことは、すでに〔ポイント3〕でも述べました。そうした役割が十分に任せられる職員がすでに施設内にいるのであれば、あえて新規に職員を採用する必要はないのです。

　同様にリーダークラスの職員についても、従来、主任などの立場で活躍してきた人であれば、十分にユニットリーダーの役割を担ってくれる可能性があります。

　ただし、いずれの場合も前提条件があることは忘れないでください。つまり、本当に入居者の立場に立ち、その人の暮らしを理解して具体的なケアを提案できる人であるかどうか。この点が最も重要な要素です。

Column　コ ラ ム

　先にもふれた併存型の施設の場合、ユニットケア型の施設での希望を出したにもかかわらず、既存の施設に残ってケアを続けていくことになる職員が生まれる可能性があります。そうした職員は、あたかも自分に負のレッテルが貼られたような、ひいては自分が介護職そのものに向いていないのではないかと思い悩むことになるかもしれません。

　ユニットで働きたかったけれども、結果としてそうならなかった職員へのフォローも責任者や準備室の職員にとって大切な仕事の一つです。

　施設がもつ究極の目標とは、いかに入居者の個別ケアを実現させていくかということです。居住環境の面では確かに大きな差があるとしても、ユニットであれ、既存の施設であれ、この究極の目標は変わるものではありません。どちらも同じ施設の一部分なのですから。

　したがって、既存にいる職員に対しても同じ目標に向かっているという実感がもてるように、意見交換や情報の交流などを通じて、いわば仕掛けていく必要があるでしょう。

〔ポイント6〕でのチェック項目

■組織の形と人員配置をデザインする

- ☐ 1　施設の理念とともに居住環境についても勘案し、具体的な組織の形が検討できたか。
- ☐ 2　入居者の生活リズムに沿った時間帯に職員の配置を合わせられたか。
- ☐ 3　ユニットの個性を尊重するとともに、その独自性をも認めた形の職員配置になったか。
- ☐ 4　入居者やユニットの状況に合わせて職員の配置が変更できる体制がとれたか。
- ☐ 5　入居者の生活単位と介護単位とが一致した勤務シフトが作成できたか。
- ☐ 6　勤務帯ごとに職員の勤務状況が一覧できるような、工夫された勤務表が作成できたか。

■職員を採用する

- ☐ 7　どのような方法による採用が最も効果的で効率的かを十分に検討したか。
- ☐ 8　新規に職員を採用する場合、適切な時期に採用試験が行えるように計画を立てられたか。
- ☐ 9　併存型の施設の場合、既存の職員の要望にも応えられるような採用の仕組みがつくれたか。
- ☐ 10　採用試験を行う前に、自分たちがどんなケアを目指しているのかを応募者全員に説明したか。
- ☐ 11　グループワークや現場実習など、ユニットケアの特性を踏まえた採用試験が取り入れられたか。
- ☐ 12　明確な基準をもって職員採用を行うことができたか。

ポイント7
研修のあり方

次は研修について考えていきます。

これまでは例に示すように、担当者の都合に合わせて、今日はケアプランの作成、今日は食事の介護、今日は緊急時の対応などと適当に研修プログラムを組んでしまう場合が多かったようです。そのため、新規職員もユニットケアをよく理解しないまま現場に入ってしまい、予想外のことが起こってしまうとうまく対応できない事態になってしまいます。

そうならないようにするためには、どのように研修を組み立て実施していけばよいのか、具体的に考えてみることにしましょう。

■例

		8:00	8:30	9:00	9:30	10:00	10:30	11:00	11:30	12:00	12:30	13:00	13:30	14:00	14:30	15:00	15:30	16:00	16:30	17:00	17:30	18:00
1	火			辞令交付・挨拶・自己紹介・オリエンテーション・規程説明								施設案内		介護保険制度説明		看護研修				記録		
2	水		朝礼	看護研修		接遇&応対研修						接遇&応対研修								記録		
3	木		朝礼	ケアプラン研修								ケアプラン研修				口腔ケア研修		ビデオ研修		記録		
4	金		朝礼	介護研修	おむつ研修							介護研修								記録		
5	土																					
6	日																					
7	月		朝礼	建物・設備取り扱い説明								認知症高齢者に対する知識				看護研修				記録		
8	火		朝礼	介護研修（入浴）								救急法						防火訓練		記録		
9	水		朝礼	施設外研修説明	接遇研修							接遇研修				介護研修				記録		
10	木		施設外研修																			
11	金		施設外研修																			
12	土																					
13	日																					
14	月		朝礼	記録説明	リスクマネージメント							リスクマネージメント				ベッド取扱説明		ベッドメーキング		記録		

段階―1

研修を組み立てる

1　研修プログラムの作成

　研修で最も大切なのは職員それぞれに、自分で考え、行動できるようなケアの下地となる考え方を身につけてもらうことです。そのためには、約束ごとや知識を一から順々に積み上げていけるように、何をどんな順番で教えるかをよく考えてプログラムを組むことが必要です。

　加えて、短い期間でいかに効率よく実施するかを考えたとき、次のポイントをもとにプログラムを組み立てることを提案します。

○個別ケアとは何かという理解
○チームにより具体的にどう動けばよいかというシミュレーション
○介護技術の展開

　これまで何度も述べてきたように、ユニットケアは入居者の暮らしを個別に支援するケアですので、従来のケアのやり方やとらえ方に基づいた研修内容では、本質的な理解にはつながりません。

　そこで、上に示した三つのポイントをさらに細かく分類し、開設前研修の必須項目として整理すると次のようになります。

①施設がもつ方針と理念の共有
②ユニットケアの理解
　・建物の理解（ハード編）
　・入居者の日々の暮らしの理解とサポートの仕方（ソフト編）
　・運営のシステムの組み立て（システム編）
③介護技術
④ユニットでの生活の実体験
⑤他施設の見学
⑥施設内にある機器の理解

また、これら必須項目以外にも、施設によっては次のような独自項目を盛り込んでいるところもあります。

①救急救命講習
②消防訓練
③接遇研修
④他施設での現場実習
⑤入居者体験

ここでは、10日間（＝2週間）を研修期間とした場合の研修プログラムの例を示してみます。

◎表7-1：研修プログラムの作成例

日程	1日目	2日目	3日目	4日目
研修項目	・施設の運営方針の説明 ・理念の共有 ・施設内にある機器の理解	ユニットケアの理解① ハード編	ユニットケアの理解② ソフト編	ユニットケアの理解③ システム編
研修内容	・施設の運営方針を管理者が説明する。 ・方針に基づき理念を具体化させる。 ・施設内の機器の説明と具体的な操作方法を説明する。	・施設内すべてを全員で歩き、各スペースの意味を理解して、入居者の暮らしとケアを結びつける。	・入居者の一日の生活を追いながら、何をどのようにサポートしていったらよいか、ケア理念の共有化を図る。	・ハードとソフトの考え方を具体的にどう運営面に反映していくか書き出す。シフト作成、ミーティング、記録、情報共有の方法など。
指導のポイント	・管理者がきちんとした運営方針を示すこと。 ・理念を具体的にイメージして全体で共有するには、グループワークによるブレーンストーミングなどが効果的である。 ・機器の説明は言葉による解説だけにとどまらず、操作マニュアルを用意し、実際に操作してもらうこと。	・手すりの位置、照明の色、テーブルの高さ、住み分けなど、建物が建てられたコンセプトと実際の活用について、その場に行って説明をする。できれば建築に関わった人が説明するとよい。	・入居者の目覚めから就寝まで、想定される生活行為を一つずつ挙げ、個別ケアを行ううえで何を大事にしていけばよいか全体で共有を図る。 ・テキスト等を参考にしながら考えていくと進めやすい。また、きちんとリードできる人が中心になって進めていくことが大事で、一方的な講義よりも主体的に参加できるグループワークにより意見交換をし、共有化を図るほうが効果的である。	・具体的なシミュレーションを行う。 ・あらかじめ原案を作成しておき、考え方を説明した後に意見交換を行う。システムの説明はケア方針の具現化にもつながるので、きちんと説明できるよう根拠を明確にしておくこと。

5日目	6日目	7日目 8日目	9日目 10日目
介護技術研修 入浴・移乗・排泄・食事	施設見学	ユニット体験	振り返りとユニットの整備
・すべての行為について具体的に体験する。	・先進的な取り組みを行っている施設を見学する。	・職員をユニットに配置し、朝から翌朝までの一日かけてユニットでの生活を体験する。	・これまでの研修を振り返り、不足の項目を整備する。
・講師を誰にしてどのように進めていくかをあらかじめ決めておくこと。 ・研修生を少人数のグループに分け、一つひとつの介護技術を確認しながら進めるとよい。	・全員で同じ時間に同じ場所を訪れるというチャンスは開設前でなければもてないため、可能な限り実施したい。 ・見学だけにとどまらず、必ず自施設に戻ってからグループワークで項目を絞り意見交換をすると見学の効果が増す。また、先進的な施設を見学することで職員のスタンダードな考え方が向上することが期待できる。	・ご飯を炊き、食事をし、記録をとり、居室のベッドで寝るという体験をとおして、入居者の暮らしを実感するとともに、実際に生活を営むうえであらかじめそろえておいた備品関係に過不足がないかを調べる。 ・こうした体験は、チームケアを実施するうえでの仲間づくりの一環にもなる。	・リーダーが中心となって、最終的なチェックを行う。

2 研修を行う際の留意点

1 研修のねらいを明確にする

　講義形式であれ演習形式であれ、研修のねらいをあらかじめ明確にしておくことが大切です。何を目的にし、何を期待して研修を行うかがはっきりしていなければ、研修の効果は現れません。
　そのためには先に示した研修プログラムとは別に、表7-2のような一日単位の研修カリキュラムも同時に作成すると効果的です。

2 自施設での研修を中心に据える

　ユニットケアを理解するための一つの方法として、先進的に取り組んでいる施設を見学することは、これまでにも何度か述べてきましたが、あくまでも他施設の見学は下地づくりの一環ととらえてください。
　他施設がどんなに先進的で理想的な取り組みを行っていたとしても、自施設と他施設とでは居住環境も違えば職員の状況も違っています。他施設の取り組みをそっくりそのまま移入するのではなく、考え方を学び取り、そこから自施設でのシミュレーションへともっていけるような研修の仕組みが大事になります。まずは自分たちの施設における介護内容と、その背景となる居住環境の活かし方について考える研修を中心に据えて、施設内部から固めていくようにしましょう。

3 毎日研修内容を振り返り、自分の気づきを確認する

　日々の気づきを言語化して記録にとどめることは、自分自身にとって振り返りに役立つとともに、他者へ伝える際の大きな武器にもなります。

4 五感を活かした研修を行う

　可能な限り、テキストやビデオ、また実物などを用意して、視覚や聴覚をはじめとする五感を活かした研修を行うと効果的です。自分自身で体験することは得ることが大きいですから、その刺激を大いに活用しない手はありません。

　なお、本書の姉妹編にもあたる『ユニットケア実践Q&A』では、巻末に掲載した「鼎談」において五感を活かした研修の例とその効果が紹介されています。

5 誰もが主体的に参加できる研修形態をとる

　具体的な方法としてはグループワークがありますが、研修内容によって人数編成を変えたり、グループメンバーの組み合わせを考えたりして、研修生誰もが主体的に参加できる仕掛けをつくることが大切です。これにより、ユニットケアの理念をはじめとする全体的な情報等の共有化が効果的に図れます。

6 講師は慎重に選ぶ

　たとえ同じような研修内容であったとしても、施設内部の人が講師を務めた場合と施設外部の人が講師を務めた場合とでは、おのずと研修生の受け止め方も変わってくることがあるようです。その点をたくみに使い分けるとさらに効果が生まれます。

◎表7-2：研修カリキュラムの作成例

新規職員研修　__7__日目：○月○日（○）

時刻	時間	教科名	ねらい	具体的学習内容	授業の形態	担当者
8:30	120	ユニット運営について②	いかに入居者の生活に寄り添える職員配置、シフトを見いだすか、入居者の暮らしを支えるためのシフト・配置の考え方を理解し、初期のシフト設定のねらい、今後の検討の方向性を共有する。	シフト、職員配置についての考え方の転換。シフト、職員配置の工夫。シフト組み立てのディスカッション。	講義・演習	○○
10:30	120	介護技術：排泄ケア	排泄ケアにおける個別性の確立。その必要性と方法論。そのためのツールとしてのおむつ、排泄介助用品の考え方、検討の仕方。初期のおむつ紹介。実際の使用法。初期個別データの収集法。以上を学び、今後の方向性を共有する。	排泄ケアについての考え方、おむつに求められる機能性の移り変わり。各施設における個別排泄ケアの取り組み事例。使用するおむつのあて方、選び方。	講義	○○
12:30	60	休憩				
13:30	180	介護技術：食事介助	快適な食事をサポートするための介助時のチェックポイント、食事形態の検討、快適な食事のための姿勢確保の方法を学び、食事介助に対する方向性を共有する。	食事介助の相互体験に基づくチェックポイントの確認。食事形態ごとの食感・味覚の体験。食事姿勢が嚥下に与える影響の体験。スライドによる座位確保の方法紹介。グループでの代表事例への対応ディスカッション。	演習・講義	○○
16:30	30	振り返り	介護技術に関する研修全般において学んだことを共有し、疑問・不安を解消する。	ユニットごとに話し合い、相互に教え合う。並行してOTによる個別の技術的指導を行う。		○○

段階—2
教材を準備する

　短い期間で効率よく研修を実施するために研修全体のプログラムを作成し、そのうえで一日単位の研修カリキュラムを作成することによって、場当たり的でない、系統立てされた形での研修を行うことが可能となります。

　ではその次に、どのような教材を用いればより効果的な研修を行うことができるかについて考えてみましょう。

　まずはユニットケアというものを本質的に理解することが研修の大きな意義になるわけですから、そこにつながるテキストが必要となります。手前味噌にはなりますが、〔ポイント1〕で推薦した2冊の書籍（『利用者の生活を支えるユニットケア』『ユニットケア実践Q＆A』）と『ユニットケアのポイント』と題したビデオは、ユニットケアの基本的な理解を促す入門書であり、これから始めようとする取り組みへの動機づけにもつながるものです。個別ケアとは何かを考えたり、チームとして具体的にどう動けばよいのかを考えるテキストとしては、最適なものといえます。

　また、実際の介護のあり方を考えたり、具体的に身につけたりするには、「ケアマニュアル」と呼ばれる教材も大きな役割を果たします。

　ケアマニュアルというと、あたかも食事・入浴・排泄といったADL（日常生活動作）別に整理した介護技法の手順書をイメージしがちですが、ここでいうケアマニュアルはそうしたものとは少し性格を異にします。

　つまり、「起床（洗顔、更衣）→朝食→昼食→夕食→就寝（更衣、歯磨き）」といった一日の流れのほか、入浴、排泄、掃除、外出、行事、リハビリなどの生活場面ごとに入居者本人の生活行動と、それに対する介護職員の関わり方や考え方を一覧にしてまとめたものです。これにより、一日の流れのなかで、そのときそのときに起こる生活行為について何を大切にして、何を目標とするのか、その辺のポイントを整理することが可能になります。

　さらには、研修そのものの運営に関する「研修実施マニュアル」というべき補助教材があれば、効果的で効率的な研修を行うことができるでしょう。どんな内容を、どんな方法で、特にどんな点に留意し、テキストの何頁を参照しながら研修を進めていけばよいのか。これらの事柄が盛り込まれた、いわば講師にとっての虎の巻は、研修を受ける側の理解度や習熟度を測るうえからも大いに役立つものと考えます。表7-3として例示しましたので参考にしてください。

◎表7-3：研修マニュアルの作成例

	講師紹介	グループワークの説明	朝の時間			
形態	自己紹介		グループワーク	発表		出た課題を整理する 押さえるポイント
項目	施設と個人紹介	グループワークの説明 役割の説明 役割を決める時間設定	朝、何をしているか？ そこでみえる課題は何か？	グループごとの発表	情報をとる	挨拶
研修内容	開設年度、新型か既存の改修型か、入居者定員等を説明	・グループワークで何をするか説明 自己紹介 司会、書記、発表者の三つの役割を決定 それに要する時間を決める	・資料を出してもらう ・個別に資料に書いてもらう ・個別のデータを出し合いグループ全体のものにする ・ホワイトボードに決めた仕事のベスト5を書いてもらう ・そこで出た問題点を書いてもらう ・時間は30分を目途とし、様子をみる ・食事の項目は次のセッションと説明する		ポイントの確認	挨拶の重要さを理解する
研修方法	簡単に行う	1グループは5〜6人 自己紹介で声を出してもらう訓練をする 役割を決めることで積極的な参加を促す （初対面の人たちなので発言しやすい環境をつくる） 時間を決めてもらうことから始め、参加意識を高める	なぜ、朝の取り組みから話し合いをするのか説明をする ・どの業務帯かという質問があるとき、入居者の朝に関わることからと答える ・初めてのグループワークなので話し合いの時間はある程度十分とる ・疑問点が出ないときは具体的なこと（項目など）を挙げ、これはどうかと促す ・ボードに書きに行くことになかなか取り組めないので「さあ」とせかすことも状況により必要	自由に参加してもらうことを大事にする	仕事の基本的なスタンスであることの認識	・ホームヘルパーの仕事との比較をすることで在宅での暮らしに気づいてもらう ・挨拶が一日の始まりで大事なことを理解してもらう
指導のポイント		司会者、書記、発表者を確認する（手を挙げてもらうなど）	・特別養護老人ホームは入居者の暮らしの場であるのでその生活が基本軸にあり、そこをどうサポートするかという視点でケアを考える ・入居者の暮らしは朝から始まるので朝の様子から話し合いを進める		・この項目は3日目にしっかり行うことを説明する	・その人の領域（個室）に伺うときにすることは？ → まずは挨拶
テキスト			65〜67			

形態	朝の時間				押える項目	やり方
	出た課題を整理する 押さえるポイント					
項目	起床時間	身支度	排泄	バイタルチェック		
研修内容	・自由に起きてもらう意味 ・自由に起きてもらうための取り組み	・個人の着替えのスタンスとペース ・四つの住み分けのなかでの身支度の理解	随時ケアをするためには？	何で必要か考える		
研修方法	・自分の家では自由に起きる ・個人の生活リズムをとる ・生活リズムのとり方を紹介する 　リズムをとるという方針を立てる 　記録につけて共有 ・起こしてしまう職員に対しては○○時までは起こさないという決まりをつくった例もある ・起こさないと高齢者は遅起きになることを紹介…7時以降 ・なかなか起きない人にどうするか？ →　何で起きないのか？前夜や日中どうしていたか、原因を探る、その結果で判断していく ・バタバタしてしまう、コールが重なる →　個人データがわかっているとコールの前にケアができる、先取り介護 ・個人のリズムを尊重すると「遅起き…7時過ぎ」になる	・自分は朝食時着替えているかどうか？ →　いろいろ好みがあるのでどうしても着替える、着替えないではない、その人の好みにしたがう ・リビング（朝食の時）での服 ・個人の好みと着替え →　以前より着替えをしない人 ・パジャマの着替えをどうするか ・まったく着替えない人に対してどうするか？ ・着たい服を選んでもらうことの重要性	・個人データをとる →　とり方を紹介する 　一斉と日に数人 ・おむつ等、排泄用品の知識 ・排泄パターンを調べて個別ケアをする（時間により排泄用品を換える） ・夜間の尿量と製品を選ぶ	・データの利用を考えてデータをとる ・個人情報を得るまでは一斉もあり得る ・その人のスタンダード（日常）を知る ・バイタルチェックは健康のバロメーター 　体重の変動（食事の状況判断）	日常の生活・自由な生活を過ごしてもらうことと専門職としてサポートすることの意味を押える 個別データをとることの重要性、そのことがあるので個別ケアができることを理解してもらう 「時間がない、人手がない」という業務中心の悩みが多く出る	研修生に生活をイメージさせることを重点に置く →　やる項目順は黒板に書き出された問題点の順番によるのではなく生活順にする どうすればできるかという具体例や方法に重点を置く 質問を聞く
指導のポイント	・個人の起床時間を把握するには →　記録にしてデータをとる そうすると時間差ケアができ、人手の問題も少なくなる ・起こさないケアをすると高齢者は遅起きになる →　おおむね7時以降	・自分は朝食の前に着替えているかどうか聞き個人の好みはいろいろであることを理解してもらう ・元の生活習慣を理解する、ケアの専門職としてどう考えるか（ただ、好きにしていいということではない）	・個別データをとること ・排泄用品の知識を得ること	・バイタル管理をすることの意義 ・まずはスタンダードを知ること、その次にその応用パターンにすること（毎回計るのではなく、必要なときに計る）		
テキスト	65〜67					

〔ポイント7〕でのチェック項目

- ☐ 1　研修の内容や方法、指導のポイントを盛り込んだ研修マニュアルを作成できたか。
- ☐ 2　研修のねらいは明確になっているか。
- ☐ 3　自施設での研修が中心に据えられているか。
- ☐ 4　研修を振り返り、研修生各自の気づきが確認されているか。
- ☐ 5　五感を活かした研修が行えているか。
- ☐ 6　誰もが主体的に参加できる研修形態がとられているか。

ユニットケア導入までのチェックポイント130

2005年11月 1日 初版発行
2012年11月 1日 初版第7刷発行

編　　　著	秋葉都子（認知症介護研究・研修東京センター　ユニットケア推進室長）
監　　　修	認知症介護研究・研修東京センター
発　行　者	荘村明彦
発　行　所	中央法規出版株式会社
	〒151-0053　東京都渋谷区代々木2-27-4
	代　　表　TEL 03-3379-3861　FAX 03-3379-3820
	書店窓口　TEL 03-3379-3862　FAX 03-3375-5054
	編　　集　TEL 03-3379-3784　FAX 03-5351-7855
	http://www.chuohoki.co.jp

装幀・本文デザイン　KIS（有）
印刷・製本　新日本印刷株式会社

ISBN978-4-8058-2636-2　定価はカバーに表示してあります。落丁本・乱丁本はお取り替えいたします。